Taijiquan - Sanshou

CHRISTIAN UNVERZAGT

TAIJIQUAN - SANSHOU

ZHENG MANQING YANG-STIL TAIJIQUAN

Bibliografische Information der Deutschen Nationalbibliothek
Die Deutsche Nationalbibliothek verzeichnet diese Publikation in der Deutschen Nationalbibliografie; detaillierte bibliografische Daten sind im Internet über http://dnb.dnb.de abrufbar.

© Christian Unverzagt 2024
Alle Rechte vorbehalten.
Jede Verwertung des Werkes außerhalb der Grenzen des Urheberrechtsgesetzes ist unzulässig. Die automatisierte Analyse des Werkes, um daraus Informationen insbesondere über Muster, Trends und Korrelationen gemäß §44b UrhG („Text und Data Mining") zu gewinnen, ist untersagt.

Umschlagentwurf, Satz und Gestaltung: Eigensatz
Darsteller der Figuren: Dres. Ambrosius und Unverzagt, Fotos und Bearbeitung: Daniel Zügel
Verlag: BoD · Books on Demand GmbH, In de Tarpen 42, 22848 Norderstedt
Druck: Libri Plureos GmbH, Friedensallee 273, 22763 Hamburg

ISBN: 978-3-7597-9620-2

Inhaltsverzeichnis

Sanshou – Form und Inhalt 8
Die einzelnen Figuren mit Schaubildern und Erläuterungen 13
A 1. Fauststoß 14
B 2. Hände heben 15
A 3. Sperren und Fauststoß 16
B 4. Ablenken und Fauststoß 17
A 5. Schulterstoß links 18
B 6. Rechts den Tiger schlagen 19
A 7. Ellbogenstoß links 20
B 8. Rechts schieben 21
A 9. Spaltender Faustschlag links 22
B 10. Schulterstoß rechts 23
A 11. Zurückweichen und links den Tiger schlagen 24
B 12. Spaltender Faustschlag rechts 25
A 13. Hände heben 26
B 14. Stoßen 27
A 15. Falten und spaltender Faustschlag 28
B 16. Ablenken und Fauststoß 29
A 17. Diagonal Zerreißen 30
B 18. Links die Mähne des Wildpferds teilen 31
A 19. Rechts den Tiger schlagen 32
B 20. Körper drehen und zurückrollen 33
A 21. Schulterstoß links 34
B 22. Körper drehen und stoßen 35
A 23. Beide Seiten trennen und Fersentritt 36
B 24. Fauststoß in die Schrittgegend 37
A 25. Ziehen und zerreißen 38
B 26. Weberschiffchen rechts 39
A 27. Abwehren nach links und spaltender Faustschlag nach rechts 40
B 28. Der weiße Kranich breitet seine Schwingen aus (Fersentritt) ...41
A 29. Schulterstoß links 42
B 30. Zurückweichen und Arm brechen 43
A 31. Körper drehen und stoßen 44
B 32. Wind in die Ohren dringen lassen 45
A 33. Beidseitig stoßen 46
B 34. Ablenken und tiefer Fauststoß 47
A 35. Einfaches Schieben 48

B 36. Rechts den Arm überrollen...49
A 37. Folgen und Stoßen...50
B 38. Neutralisieren und mit der rechten Handfläche schlagen...51
A 39. Neutralisieren und schieben...52
B 40. Neutralisieren und Ellbogenstoß rechts...53
A 41. Ziehen und zerreißen...54
B 42. Kreisender Schritt und brechen...55
A 43. Rechts den Tiger schlagen...56
B 44. Körper drehen und zurückrollen...57
A 45. Schulterstoß links...58
B 46. Zurückgehen und drücken...59
A 47. Beide Seiten trennen und Schulterstoß...60
B 48. Schulterstoß links...61
A 49. Ellbogenstoß rechts...62
B 50. Goldener Hahn steht auf einem Bein...63
A 51. Schritt zurück und neutralisieren...64
B 52. Fersentritt...65
A 53. Schulterstoß...66
B 54. Den linken Arm brechen...67
A 55. Körper drehen, Trennen und Treten rechts...68
B 56. Trennen und Knie streifen rechts...69
A 57. Körper drehen, Trennen und Treten links...70
B 58. Trennen und Knie streifen links...71
A 59. Kreisende Hand und Schulterstoß rechts...72
B 60. Zurückgehen und Schulterstoß rechts...73
A 61. Den Vogel beim Schwanz fassen links...74
B 62. Wolkenhände...75
A 63. Den Vogel beim Schwanz fassen rechts...76
B 64. Wolkenhände...77
A 65. Nach rechts öffnen...78
B 66. Körper zur Seite wenden und spaltender Faustschlag...79
A 67. Weiter Blick vom Pferd...80
B 68. Der weiße Kranich breitet seine Flügel aus...81
A 69. Körper drehen und den Lotus streifen...82
B 70. Diagonal fliegen links...83
A 71. Die listige Schlange kriecht zu Boden...84
B 72. Diagonal fliegen rechts...85
A 73. Links den Tiger schlagen...86
B 74. Körper drehen und spaltender Faustschlag...87
A 75. Zurückweichen und den Affen abwehren (1)...88

B 76. Links klatschen..89
A 77. Zurückweichen und den Affen abwehren (2).....................90
B 78. Rechts klatschen...91
A 79. Zurückweichen und den Affen abwehren (3).....................92
B 80. Schritt zu den Sieben Sternen..93
A 81. Die Nadel auf dem Meeresboden......................................94
B 82. Den Fächer mit dem Rücken verbinden............................95
A 83. Pipa spielen..96
B 84. Den Bogen spannen und den Tiger schießen....................97
A 85. Peitsche..98
B 86. Ellbogen nach unten und Fauststoß...................................99
A 87. Hände kreuzen...100
B 88. Den Tiger umarmen und zum Berg zurückkehren..........101
Das Ende der Form..102
Wiederkehrende Figuren in unterschiedlichem Kontext...........103
Die Namen der Stellungen (deutsch, chinesisch, englisch).......104

Sanshou – Form und Inhalt

Sanshou 散手 (wörtlich „Zerstreuende Hände") ist eine choreographierte Partnerübung mit je 44 Figuren, deren zwei Seiten sich, anders als bei *Dalü*, nicht spiegelbildlich entsprechen. Die Komplexität der Form macht sie schwer zu erlernen und schwierig zu unterrichten, wodurch allein schon sich ihre derzeit geringe Verbreitung erklären ließe.

In der Welt des Taijiquan begegnet man nur wenigen, die *Sanshou* können. Und bei denen, die es praktizieren, sieht es immer ein wenig unterschiedlich aus. Als ich einmal mit einem zeitlichen Abstand von sieben Jahren wieder die verbliebene Gruppe meines mittlerweile verstorbenen Lehrers Ke Qihua in Taipeh besuchte, gab es selbst dort, bei den wenigen, die *Sanshou* noch kannten, kleine Abweichungen, hauptsächlich bei der Orientierung im Raum. Als ich später die Gruppe des damals 89jährigen Meisters Ju Hongbing, der Zheng Manqings Taijiquan im Süden Taiwans weitergab, besuchte, konnte ich wiederum kleine Unterschiede feststellen, diesmal auch bei der äußeren Gestalt einiger weniger Figuren. Niemals aber konnte es einen Zweifel geben, dass es sich um dieselbe Form und denselben Ursprung handelte. Mit Meister Jus damaligem Assistenten, Herrn Li, habe ich damals viele Stunden beim gemeinsamen Üben und dem Austausch darüber verbracht, wie die Form unter verschiedenen Aspekten betrachtet werden könne und welche Anwendungsoptionen in welcher Variante stecken.

Neben der Länge und der Komplexität der Form haben kleine Abweichungen sicher auch damit zu tun, dass in *Sanshou* einige Figuren etwas anders als in der Solo-Form (37 oder 108) aussehen, obwohl sie dieselben Namen tragen. Dadurch aber erweitert *Sanshou*, je tiefer man beim Üben in den Sinn der Figuren eindringt, das Verständnis ihres Anwendungsspektrums. Das gilt zugleich auch für jene Figuren, die dem Namen nach nicht aus der Solo-Form bekannt sind. Wenn man übt, forscht und nachdenkt, lassen sich alle Bewegungsmuster aus *Sanshou* auch in der Solo-Form entdecken.

Seit wann die *Sanshou*-Form zum Repertoire des Yang-Stil-Taijiquan gehört, ist mir nicht bekannt. In Taiwan wurde sie nach 1949 zunächst vor allem von Xiong Yanghe (1889-1981) verbreitet, der den Yang-Stil offenbar von verschiedenen Lehrern gelernt hatte, darunter wohl auch Yang Shaohou (1862-1930). Ju Hongbing meinte, dass Xiong die Form noch deutlich härter ausgeführt habe als die Meisterschüler von Zheng Manqing. Das lässt sich wohl dadurch erklären, dass Xiong Yanghe die ältere Yang-Stil-Überlieferung, noch vor den Änderungen durch Yang Chengfu (1883-1936), erhalten hatte. Nach Yang Shaohous Tod war Xiong Yanghe nicht Schüler von dessen jüngerem Bruder Yang Chengfu geworden, der die Entspannung, das Nachgeben und die Sanftheit in allen Formen betont hatte.

Aufzeichnungen zur Sanshou-Form befanden sich anscheinend (oder angeblich) bereits in den Übungsunterlagen der Yang-Familie, in deren Besitz Yang Chengfu spätestens seit dem Tod seines älteren Bruders Shaohou im Jahr 1930 war. Die Geschichte ihrer Veröffentlichung entbehrt nicht der Kuriosität. Yang Chengfu hatte einen reichen Geschäftsmann namens Chen Gong (auch: Chen Yanlin, 1906-1980) als Schüler, der sich Anfang der 1930er Jahre von ihm die nicht publizierten Übungsunterlagen zur Lektüre erbat. Yang Chengfu, der den Familienschatz seinen wichtigsten Schülern zu zeigen bereit war, ihn aber auf keinen Fall in die Öffentlichkeit gelangen lassen wollte, gewährte ihm Einsicht für eine Nacht; unter der Bedingung, dass er das Material am nächsten Tag wieder zurückgeben müsse. So geschah es auch.

Was Yang Chengfu nicht wusste, war, dass Chen Gong für die Nacht sieben Schreiber engagiert hatte, die das gesamte Material kopierten. Kurze Zeit darauf, 1932, verschwand Chen Gong von der Bildfläche und wechselte angeblich sogar den Beruf, so dass aus dem Geschäftsmann ein Arzt für chinesische Medizin wurde. Seine Geschäftstüchtigkeit oder auch Gerissenheit hatte er darüber nicht verloren. Zur selben Zeit erschienen erste Teile aus den Manuskripten in Zeitschriften, was mit großem Interesse aufgenommen wurde – die nicht um Autorisierung gefragte Yang-Familie aber erboste. 1943 publizierte Chen Gong dann das gesamte Material, eventuell leicht verändert und ergänzt um eigene Beiträge, als Buch mit dem Titel 太極拳刀劍桿散手合編 *Taijiquan dao jian gan sanshou hebien* („Taijiquan zusammengestellt: Säbel, Schwert, Stock und *Sanshou*").[1] Inbegriffen war die *Sanshou*-Form mit Schaubildern und Erläuterungen. In ihnen wird *Sanshou* als das „Meisterwerk des Systems" bezeichnet.

Daraufhin veröffentliche die Yang-Familie – Yang Chengfu war mittlerweile verstorben – eine eigene Version; nicht ohne die Behauptung, dass es sich bei Chen Gongs Fassung um eine Fälschung handele. Chen Gong erklärte nun seinerseits, dass das Buch sein eigenes Werk sei und er es nur aus Bescheidenheit und Verpflichtung gegenüber seinem Lehrer der Yang-Familie zugeschrieben habe.

Zheng Manqings Schüler Jou Tsung Hwa machte Chen Gong 1980 in Shanghai ausfindig und will die Geschichte mit den sieben Schreibern von ihm persönlich bestätigt bekommen haben. T.T. Liang, der auch von Xiong Yanghe gelernt hatte, bestätigte sie ebenfalls (was wiederum dessen amerikanischer Schüler Stuart Olson bekundete). Die Familie von Chen Gong behauptete allerdings irgendwann, dieser habe Yang Chengfu nie getroffen; das von ihm verwendete Material habe er von Tian Zhaolin bekommen.[2]

---

[1] Chinesischer Text mit englischer Übersetzung bei Paul Brennan (2014): https://brennantranslation.wordpress.com/2014/03/18/taiji-boxing-according-to-chen-yanlin/
[2] Vgl. Olson, Stuart: Aurum 2000, 2006; Christensen 2016, S. 143, Fn. 2. Zu Xiong Yanghe: DeMarco, Michael: „Xiong-Stil Taijiquan", in: TQJ Nr. 44 (2/2011), S. 32-39.

Sanshou wird manchmal als die „Kampfform" des Taijiquan bezeichnet.[3] Die Form, um deren Dokumentation es hier geht, ist auf jeden Fall choreographiert und hat einen festen Ablauf. Allerdings erinnert sie tatsächlich eher an einen (wenn auch gespielten) Kampf als *Tuishou* oder selbst *Dalü*. Es geht zwar um dieselben Fähigkeiten, aber in einer Vielzahl variierender Situationen und Stellungen. Das zeitigt einen Ablauf, bei dem die Schrittführung und Orientierung im Raum eine größere Rolle spielen und der kämpferische Ursprung der Figuren sichtbar wird. Zugleich gilt aber auch bei *Sanshou*, dass bei Verfeinerung der Form sich hinter dem Offensichtlichen ein noch viel größeres, subtileres Anwendungsspektrum erschließt.

Letztlich geht es wie bei den anderen Formen auch darum, den Ablauf zu erlernen, um dann in und mit Hilfe von ihm die spezifische Kraft zu entwickeln, deren Idee in den Figuren aufbewahrt ist. Das bedeutet Üben, und zwar auf zweierlei Weise: als Solo-Form und mit Partner. Meister Ke und auch Meister Ju bestanden darauf, dass man den gesamten Ablauf erst als Solo-Form lernen müsse. Erfahrungsgemäß kann es dann allerdings zu gewissen Anpassungsschwierigkeiten kommen, wenn man die Form zum ersten Mal mit Partner läuft. Lernt man die Form hingegen gleich mit Partner, ist die Gefahr vielleicht geringer, dass sich Schnörkel und Allüren einschleichen, die meist in einem mangelnden Verständnis der Figuren gründen; es ist aber vielleicht auch die Gefahr größer, dass zu sehr auf die Effekte geachtet wird, wie sie sich in den Bewegungen der Arme zeigen; die dort aber nicht generiert werden sollen. In jedem Fall ist es unerlässlich, die Abfolge der Figuren sowohl als Solo-Form als auch mit Partner zu üben.

Was wird geübt? Es geht um Prinzipien, die auch in den anderen Partnerübungen (*Tuishou, Dalü*) sowie in der Solo-Form geübt werden. In den klassischen Schriften des Taijiquan sind diese Prinzipien formuliert. Um nur einige zu nennen:
„Anhaften, verbinden, kleben und folgen." [E6][4]
„Mit den Veränderungen des Gegners im Einklang, Wundersames zeigend." [D6]
„Wenn der Andere hart ist, bin ich weich. Das nennt man mitgehen. Ich folge der Richtung, wenn der Andere sich abwendet. Das nennt man anhaften. Ist die Bewegung schnell, so ist auch die Entgegnung schnell. Ist die Bewegung langsam, so folgt man langsam. Auch wenn es unzählige Wandlungen gibt, bleibt ihr Prinzip doch Eines." [B7-12]
Niemals geht es um Geschwindigkeit oder Muskelkraft [B33-44], sondern immer um die Ergänzung von Yin und Yang:

---

[3] Tatsächlich wird der Begriff *sanshou* auch für Freikampf verwendet, was normalerweise aber mit 散打 *sanda* bezeichnet wird (was seinerseits wiederum auch für eine Art chinesisches Kick-Boxen verwendet wird).
[4] Sigel in eckigen Klammern verweisen auf die Klassischen Schriften des Taijiquan (Unverzagt 2019).

„Yin verlässt nicht Yang, Yang verlässt nicht Yin. Yin und Yang unterstützen sich gegenseitig. Erst das bedeutet Verstehen der Kraft." [B57-60]
„Lass keine Lücken und Löcher zu, keine Aus- und Einbuchtungen, kein Stocken und Stottern." [A5-7]
„Lass keine noch so haarfeine Unterbrechung zu!" [A34]
„Es fließt und fließt ohne Unterbrechung." [A37]
„Setze die Schritte so, wie eine Katze sich bewegt. Verwende die Kraft wie beim Ziehen eines Seidenfadens." [C68f]
„Die Schritte folgen den Wechseln des Körpers." [C30]

Es ließen sich die gesamten Klassiker zitieren. Da es sich bei *Sanshou* um eine Übungsroutine im Taijiquan handelt, gibt es kein einziges Prinzip, das nicht auch in der Solo-Form geübt würde. Doch beim Üben mit Partner werden die Prinzipien anders sichtbar als in der Solo-Form. Das kann selbst wieder, je nach Verständnis und Übungsstand, unterschiedlich aussehen, vordergründig eher kämpferisch oder tänzerisch. In jedem Fall fördert *Sanshou* als Partnerübung auf unverwechselbare und unersetzliche Weise das Gefühl für Nähe und Abstand zum Gegenüber und für die damit verbundene Orientierung im Raum.

Die Partner bewegen sich wie in einem Schattenspiel ihrer Hüften. Der Körper entzieht sich dem Angriff durch eine Bewegung der Hüfte. Der Schritt folgt (aus) der Bewegung der Hüfte. Dadurch ist der Abstand immer richtig. Es gibt keine Frage, wie weit der Fuß gesetzt werden soll. Die Hüftdrehung setzt zugleich die Arme in Bewegung, abfangend, ablenkend, niemals blockend, und zugleich die rück- oder gegenläufige Bewegung vorbereitend. Die Form ist immer nur ein idealisiertes Erinnerungsbild. Sind die Schritte des einen größer, sind es auch die des anderen; dasselbe gilt für die Geschwindigkeit. Befinden sich die Phasen hingegen nicht im Einklang, ist das Spiel aus.

Es kann als ursprüngliche und „schlagende" Erkenntnis des Taijiquan gelten, dass Yin und Yang in ihrer Ergänzung und gegenseitigen Unterstützung nicht gleichbedeutend mit Abwehr und Angriff sind. Angriff und Abwehr sind Aktion und Reaktion in den „etlichen Schulen" [B33] der Kampfkünste. Im Taijiquan aber wehrt die Yin-Bewegungsphase das Yang nicht ab, sondern blendet sich ein, um dessen Kraft ins Leere laufen zu lassen und zugleich aufzunehmen. Dieses Sich-einblenden ermöglicht den fließenden Bewegungsablauf der Partnerübungen im Taijiquan. Um die hohe Kunst des Neutralisierens zu üben, muss die Idee des Angriffs gleichwohl in jeder Figur von *Sanshou* vorhanden sein; nur so lernt man, die Prinzipien seiner Neutralisierung zu verstehen. Die Yang-Phase einer Bewegung, die aus der Yin-Phase hervorgeht, verhält sich also immer *wie* ein Angriff. Seine Figur entsteht aus der Yin-Phase der neutralisierenden Bewegung und entfaltet sich in der Yang-Phase nur noch. In der *Sanshou*-Form wird der Angriff des Anderen daher nicht im

Ansatz unterbunden, sondern man lässt ihn sich entfalten, um am Umkehrpunkt präsent zu sein und die Kontrolle zu übernehmen. Immer geht es um *hua-na-da* (wörtlich: Neutralisieren–Greifen–Schlagen), d.h. darum, den Angriff durch Nachgeben und Einblenden zunichte werden zu lassen, den Umkehrpunkt zu kontrollieren, an ihm die Führung zu übernehmen und aus dem Yin das Yang der eigenen Stellung wachsen zu lassen – das bei dem Anderen als Angriff ankommt.

Die Figuren branden wie Wellen hin und her. Aber es ist kein schematisches Vor und Zurück, sondern es ist, als entstünden Strudel und Stromschnellen; ohne doch die Geschwindigkeit zu erhöhen. Es geht um eine Bewegung im Raum, die manchmal wie eine Bewegung des Raums erscheint. Dort, wo ein Ausweichen nach hinten möglich wäre, um anschließend wieder vorzudringen, wird in manchen Stellungen die Angriffsbewegung, ähnlich wie beim Stierkampf, vom Anderen an sich vorbeigelenkt, der dann im Rücken des Angreifers auftaucht. Diesem ist, als hätte sein Gegner den Raum umgestülpt. Dadurch, dass man sich in die Bewegung des Anderen einblendet, kann man verschwinden und an unerwarteter Stelle plötzlich erscheinen. („Plötzlich verschwinden, plötzlich erscheinen." [B20]) Das Unerwartete gründet in der „Unhörbarkeit" der eigenen Bewegungen.

Heidelberg, März 2024

Die einzelnen Figuren mit Schaubildern und Erläuterungen

Die folgenden Abbildungen zeigen die Idee bzw. die Absicht, die der jeweils Angreifende mit seiner Bewegung hegt. Die Situation tritt also beim Laufen der Form nie genau so ein; denn kurz bevor es dazu kommt, hat der Andere den Angriff schon neutralisiert.

Während die Abbildungen die Intention des Angriffs sichtbar machen sollen, bleibt der Ablauf und der Effekt der Neutralisierung im Wesentlichen unsichtbar. In ihm besteht gleichwohl die eigentliche Kunst. Wenn man ihn selbst gespürt hat, kann man ihn üben. Dem so geübten Auge kann er sich auch in Videoaufzeichnungen zeigen. Ihn im stehenden Bild, auch als Bilderfolge, zu dokumentieren, ist nicht gut möglich.

Die Namen der Stellungen sind nummeriert. Vor den ungeraden Zahlen steht der Buchstabe A, der besagt, dass Partner A mit besagter Stellung angreift. Entsprechendes gilt für den Buchstaben B vor den geraden Zahlen für die Rolle des Partners B. Partner A hat die kürzeren Haare und den dunkleren Pullover, Partner B den Haarknoten und den helleren Pullover.

Zu den Figuren gibt es jeweils zwei kurze Textabsätze. Der erste beschreibt grob den Ablauf, der zweite stellt eine ergänzende Anmerkung allgemeinerer Art dar.

Die Namen der Stellungen haben im chinesischen Original mitunter Zusätze, die mnemotechnisch keine Erleichterung darstellen und hier über den Abbildungen nicht aufgeführt sind. Im Anhang findet sich eine Liste der vollständigen Titel auf deutsch, chinesisch und englisch (in der Übersetzung von Paul Brennan).

A 1. Fauststoß

A setzt den linken Fuß diagonal nach links vorn, womit er den Abstand zum Gegner anpasst, und macht dann mit dem rechten Fuß einen Schritt nach vorn, um mit der rechten Faust auf den Solarplexus (oder Magen) von B zu zielen. Die linke Hand von A scheint hier keine direkte Funktion in der Stellung zu haben. Sie bekommt eine solche, wenn der Anfang der Form der Beginn eines zweiten Durchlaufs wäre (s. hierzu „Das Ende der Form", S. 102). Dann würde sie einen Angriff ablenken, so wie in B 16 (S. 29) beschrieben.

Sanshou kann in unterschiedlicher Geschwindigkeit, Dynamik und mit größeren oder kleineren Schritten ausgeführt werden, aber immer geht es um den richtigen Abstand. In der Vorwärtsbewegung müsste die entfaltete Technik (Yang) den Anderen mit Wirkung treffen können.

B 2. Hände heben

B setzt den linken Fuß mit der Bewegung von A zurück und lässt den rechten Fuß mitkommen. Gleichzeitig schwingt Bs rechte Hand mit der Linksdrehung der Hüfte nach oben, um sich mit As rechtem Unterarm zu verbinden, ihn nach oben zu verlängern und As Kraft ins Leere laufen zu lassen.

Den Arm des Anderen in der Rückwärtsbewegung nach oben zu führen, bedeutet nicht, ihn zu blocken, sondern seine Kraft zu verlängern und auslaufen zu lassen. Beim Neutralisieren (Yin) bedeutet der richtige Abstand, dass man den eigenen Körper dem Angriff des Anderen entzieht; aber nur so weit, dass man sich mit ihm verbinden kann bzw. verbunden bleibt und am Umkehrpunkt der Bewegung die Kontrolle übernehmen kann. „Es gibt keine Überschreitung und keine Unzulänglichkeit" [B5], kein Zuviel und kein Zuwenig, .

A 3. Sperren und Fauststoß

A zieht zuerst den linken Fuß nach, dann setzt er den rechten nach vorne, verbindet dabei seine linke Hand mit der Innenseite von Bs rechtem Unterarm, um diesen nach links oben zu führen und erneut mit der rechten Faust in Richtung Solarplexus (oder Magen) von B zu stoßen.

Auch hier und generell: kein Block und keine harte Kraft („doppelte Schwere" [B52]) bei der Übernahme des Arms, nicht Yang gegen Yang.

B 4. Ablenken und Fauststoß

Bevor As Fauststoß B erreicht, muss B kurz mit dem Gewicht auf sein rechtes Bein (also A entgegen), um sein linkes Bein nach hinten zu setzen. Dabei schwingt seine linke Hand von innen an das rechte Handgelenk von A und führt dessen Arm in der Rückwärtsbewegung nach links oben. In den so geöffneten Raum setzt B nun den rechten Fuß nach vorne und stößt mit der rechten Faust auf den Solarplexus (Magen) von A.

Die ersten Bewegungen der *Sanshou*-Form wogen hin und her, vor und zurück. Die „Waffe" ist für beide der Fauststoß. Dabei bleibt die Ausrichtung der Partner frontal und sie suchen den Weg zur Mitte des Anderen.

A 5. Schulterstoß links

A lässt Bs Fauststoß ins Leere laufen, indem er das Gewicht auf seinen hinteren (den linken) Fuß verlagert und den Körper nach rechts dreht. Der rechte Fuß folgt der Hüfte und wird hinter dem linken Fuß abgesetzt (wobei seine Zehen durch die Hüftdrehung nach rechts zeigen). Gleichzeitig schwingt As rechte Hand von unten an Bs rechtes Handgelenk, während As linke Hand Bs rechten Arm (noch in dessen Vorwärtsbewegung) hinter dessen Ellbogen erfasst. Nun hat A B „fixiert" und folgt B, der sich zurückziehen will, mit Schulterstoß.

Nach wechselseitigem Hin und Her verlässt A das Schema, um sich mit einer gegenläufigen Bewegung seitlich von B zu positionieren. Das Fixieren des Angreifers erfolgt immer am Scheitelpunkt der Bewegung. Das ist die Bedeutung von *na* in dem Dreischritt *hua-na-da* (neutralisieren-ergreifen-angreifen).

B 6. Rechts den Tiger schlagen

B sinkt ins rechte Bein und dreht nach rechts, lässt den linken Fuß mitkommen und setzt ihn nahe A seitlich von ihm ab, hebt den rechten Fuß über As Bein und setzt ihn hinter A. Bs linker Arm hält Kontakt mit As linkem Arm, während er mit der rechten Faust A in der Nierengegend (oder auf Kopfhöhe) angreift.

Hatte A sich zuvor (Nr. 5) seitlich von B, aber von vorne aufgestellt, so attackiert B den Anderen jetzt von der Seite. Damit ihm die Drehung um A gelingt, darf er diesen nicht mit seiner linken Hand wegdrücken oder ziehen; denn das würde As Bewegung unterbrechen und ihn sich automatisch neu ausrichten lassen.

A 7. Ellbogenstoß links

A verlagert zunächst das Gewicht auf sein rechtes Bein und dreht dann die Hüfte nach links. Dabei dreht sich der linke Fuß mit, auf den das Gewicht verlagert wird, so dass sich die Beine überkreuzen, um den rechten Fuß von Bs Schlagrichtung weg abzusetzen und das Gewicht dorthin zu verlagern. Gleichzeitig greift As rechter Arm Bs linken Arm in der Ellbeuge (oder dem Handgelenk) und nimmt ihn mit. Dadurch läuft Bs Faustschlag ins Leere und sein Brustraum wird geöffnet, in den A nun den Ellbogenstoß mit links auf Höhe von Bs Solarplexus (Brustbein, Magen) setzt.

As Bewegung führt über mehrere Gewichtsverlagerungen, Hüftdrehungen und eine tiefe Position bei gekreuzten Beinen. A muss das komplexe Geschehen als direkten Weg zu einer 180°-Wendung verstehen, mit der er Bs Mitte überraschend öffnet und attackiert.

B 8. Rechts schieben

B setzt den rechten Fuß nach hinten und lässt den Körper so weit folgen, dass As Ellbogenstoß ins Leere läuft. In der Rückwärtsbewegung noch greift er mit dem Tigermaul seines rechten Arms hinter Bs linken Ellbogen und schiebt nun mit der Umkehr der Bewegung auf dessen Zentrum.

Die vorhergehenden Angriff bestanden aus Schlägen und Stößen. Hier setzt der Angreifer mit dem Tigermaul an, nicht, um diese Stelle zu attackieren, sondern um das nächste Gelenk zu blockieren und den Anderen zu entwurzeln.

A 9. Spaltender Faustschlag links

A folgt und neutralisiert Bs Schieben, indem er das Gewicht nach hinten verlagert. Dort dreht er die Hüfte nach links und benutzt dabei Bs Griff als Hebelpunkt, um seinen Unterarm mit spaltendem Faustschlag auf Bs Gesicht (oder Brust) zu lenken.

As Bewegung demonstriert, wie man in der Rückwärtsbewegung einen Gegenangriff generieren kann; und wie der Ellbogen zum Dreh- und Angelpunkt einer überraschenden Rollenumkehr werden kann.

B 10. Schulterstoß rechts

B nimmt den linken Fuß nach hinten und lässt das Gewicht folgen, um seinen Körper dem Faustschlag zu entziehen. Dann setzt er den rechten Fuß direkt neben A nach vorne, um ihn mit Schulterstoß rechts anzugreifen.

A hatte (in Nr. 9) Bs Tigermaul-Griff an bzw. hinter dem Ellbogen als Drehpunkt für seinen Gegenangriff benutzt. B hält den Kontakt an diesem Punkt beim Neutralisieren in der Bewegung nach hinten und übernimmt dort erneut die Kontrolle, um sich mit dem Schulterstoß (leicht nach rechts versetzt, d.h. neben As Faustarm) gegenläufig zu As Angriff auf ihn zu zu bewegen. Die Griffstelle, um deren „Deutungshoheit" gefochten wird, ist nicht die Angriffsstelle.

A 11. Zurückweichen und links den Tiger schlagen

A setzt den linken Fuß nach hinten, während seine rechte Hand Bs rechten Oberarm fasst (ohne zu drücken und ohne zu ziehen); setzt dann den rechten Fuß um Bs Vorderbein herum und dreht auf ihm, um den linken hinter B abzusetzen und ihn mit „Tiger schlagen" auf Kopfhöhe (ggf. auch tiefer) anzugreifen.

Mit dieser Bewegung versucht A nicht, an Bs Seite zu gelangen, sondern in seinen Rücken. Ausgehend von dem Impuls durch Bs nahenden Schulterstoß, erfolgt das Tigerschlagen in einem entschlossenen Ablauf mit Yin- und anschließender Yang-Phase (und nicht zögernd und abwartend, was B nun tun werde).

B 12. Spaltender Faustschlag rechts

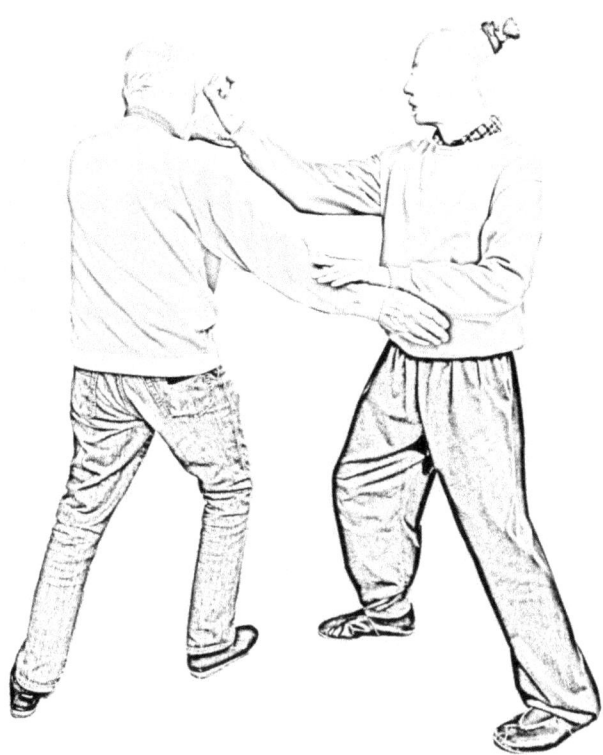

B folgt der Kreisbewegung von A, indem er zunächst den rechten Fuß an As rechtem Fuß vorbei setzt, auf ihm nach rechts dreht und dabei den linken Fuß um A kreisen lässt. Durch die Gewichtsverlagerung nach links lässt er As „Tigerschlag" ins Leere laufen. Mit der Hüftdrehung nach rechts greift Bs rechter Arm in dem nun geöffneten Raum As Gesicht (oder Oberkörper) mit „Spaltendem Faustschlag" an.

Da sich die Partner bei Nr. 11 und 12 um 180° umeinander drehen, ist der Kontakt – der weder Wegdrücken des Anderen noch Zerren an ihm sein darf – essentiell für die richtige Orientierung. Beim ersten Üben mit Partner ergibt sich häufig die falsche Interpretation, dass Bs Spaltender Faustschlag als Block gegen As Tigerschlagen eingesetzt wird. Tatsächlich aber gibt es auch hier keinen Block. Stattdessen wird der Angriff dadurch neutralisiert, dass B den Angriff von A ins Leere laufen lässt, indem er seinen Körper bewegt – um dann seinerseits in die sich dadurch aufschließende Lücke hinein anzugreifen.

A 13. Hände heben

A verlagert das Gewicht kurz aufs rechte Bein, um das linke nach hinten zu setzen und Bs Faustschlag durch Gewichtsverlagerung auszuweichen. Sein linker Arm kreist und legt sich von oben auf Bs angreifenden rechten Arm, während As rechter Arm in der folgenden Vorwärtsbewegung mit der flachen Hand Bs Gesicht attackiert.

Es gibt eine andere Anwendung, bei der A (von sich aus gesehen) links neben B tritt, mit dem linken Arm Bs rechten Faustarm am Ellbogen greift und nach rechts ablenkt, um dann Bs rechte Gesichtshälfte mit dem rechten Handrücken zu attackieren. In beiden Fällen erfolgt die Anwendung von „Hände heben" nicht (wie sonst oft denkbar) an nur einem Arm des Gegners, um ihn zu brechen oder zu blockieren.

B 14. Stoßen

B lässt As Angriff ins Leere laufen, indem er das linke Bein nach links hinten nimmt und das Gewicht darauf verlagert. Dabei legen sich seine Hände auf Ellbogen und Handgelenk (oder auch Schulter und Ellbogen) von As rechtem Arm, um dann mit (hinsichtlich Richtung und Entfernung) angepasstem rechten Bein auf As Zentrum zu stoßen.

Auch hier gilt (wie immer): Der Angriff bzw. Gegenangriff geht aus der Yin-Phase des Neutralisierens hervor. In der Yin-Phase formt sich die Figur des Angriffs, die sich im Vorrücken nur noch entfaltet.

A 15. Falten und spaltender Faustschlag

A setzt den linken Fuß leicht zurück, um Bs Stoßen durch Gewichtsverlagerung zu neutralisieren. Sein linker Arm trennt und übernimmt Bs rechten Arm, um dann aus der Hüftdrehung mit Gewichtsverlagerung nach vorn mit dem rechten Arm einen Spaltenden Faustschlag in Richtung Bs Gesicht (oder Rumpf) auszuführen.

Der durch parallele Kraftvektoren geschlossene Raum wird durch Trennen (*fen*) geöffnet, um mit der Gegenbewegung einen Keil hineinzuschlagen. Durch das beidseitige Stoßen von B ist A mit einer Triangulation bedroht, bei der seine Zentrumslinie weder nach links noch nach rechts gedreht werden kann. Durch As Nachgeben mit der Gewichtsverlagerung nach hinten entsteht jedoch der Spielraum, in dem As linke Hand mit der Hüftdrehung den von B mit dessen Rechter gegriffenen Punkt an As rechtem Handgelenk übernehmen und nach links oben führen kann. Zugleich kann nun As rechter Ellbogen zum Drehpunkt über Bs linke Hand werden, um in die freigewordene Mitte hinein zu attackieren.

B 16. Ablenken und Fauststoß

B neutralisiert durch Gewichtsverlagerung aufs (leicht nach hinten versetzte) linke Bein, nimmt dabei As spaltenden rechten Arm von innen mit der Linken auf und greift, das Gewicht nach vorne verlagernd, mit Fauststoß des rechten Arms (Magen, Solarplexus, Brustbein) an.

Es ist wieder ein „Kampf um die Mitte" entbrannt. B ist in derselben Stellung wie A ganz am Anfang (Nr. 1). A könnte auch so neutralisieren wie B in jener Situation (Nr. 2). Aber As Ausgangsposition ist hier anders als die neutrale Position von B (vor Nr. 2), so dass sich die „Flucht nach vorne" anbietet. Gleichwohl ist die Frage der Optionalität gestellt. Er hätte wohl auch anders gekonnt.

A 17. Diagonal Zerreißen

A dreht, noch mit dem Gewicht auf dem rechten Bein, seine Hüfte und damit seinen Rumpf nach links (was seinen linken Fuß mitkommen lässt) und entzieht B so den Angriffspunkt. Gleichzeitig legt er das Tigermaul seiner linken Hand auf das Handgelenk von Bs angreifendem rechten Arm, der ins Leere läuft. Dann verlagert A das Gewicht nach links und setzt den rechten Fuß hinter Bs vorderen (rechten) Fuß, legt den rechten Arm auf Bs Brustkorb (oder Hals) und dreht auf dem rechten Bein die Hüfte nach links, wodurch eine hebelnde bzw. diagonal „zerreißende" Kraft entsteht.

A variiert und kommt nun über Bs Flanke. Er zieht gegenläufig an diesem vorbei, solange B noch der Gefangene seiner eigenen Intention ist. A muss sein Vorderbein ganz nah an B setzen und diesen berühren, um ihn zu hebeln. Mit dem geringsten Fehler im Timing oder in der Positionierung würde A sich B ans Messer liefern. Die Technik bzw. das Bewegungsmuster ist in der Solo-Form in der Figur „Faust unter den Ellbogen" verborgen.

B 18. Links die Mähne des Wildpferds teilen

B folgt As Bewegung, bevor er im Hebel ist, mit Gewichtsverlagerung nach hinten und Hüftdrehung nach links, wobei seine rechte Schulter (oder, je nach Höhe, Oberarm) an As rechtem Arm entlangstreift. Dabei lässt er den rechten Fuß mitkommen, dreht die Hüfte, verlagert das Gewicht nach rechts, schwingt mit dem rechten Arm unter As rechten Arm, setzt seinen linken Fuß vorne an A vorbei und legt den nach oben ausschwingenden linken Arm unter As Achsel. Dann verlagert er das Gewicht nach links (vorne) und „teilt die Mähne des Wildpferds" durch Hüftdrehung nach links.

Spalten schlägt Spalten. Um As spaltende Kraft des „diagonal Zerreißens" zu neutralisieren folgt B ihr in einer kreisenden Bewegung, nimmt ihr die „Nahrung", kehrt die Kreisbewegung dann um und wendet seinerseits spaltende Kraft an.

A 19. Rechts den Tiger schlagen

A sinkt ins vordere (rechte) Bein, dreht mit und in Richtung von Bs Kraft nach links und setzt dabei seinen linken Fuß hinter Bs linkes Bein, während er die linke Hand auf Bs linken Ellbogen auflegt (oder Bs Handgelenk fasst). A verlagert nun das Gewicht auf links und lässt dabei sein rechtes Bein folgen, um es nah hinter Bs linkem Bein abzusetzen. Dann schlägt er mit der rechten Faust in Bs Niere (oder Rippen oder Achselhöhle).

Es ist, als kreisten die Gegner umeinander. Durch eine kreisende Bewegung hatte B (in Nr. 18) die diagonal angesetzte spaltende Kraft von A neutralisiert und umgekehrt. Nun (in Nr. 19) kreist A um B und greift ihn von hinten an. (In einer anderen Variante begibt sich A nicht in den Rücken von B, sondern an seine Seite, um seine Flanke anzugreifen.)

B 20. Körper drehen und zurückrollen

B verlagert das Gewicht nach hinten (rechts), dreht und lässt den linken Fuß mitkommen, um ihn so abzusetzen, dass er mit dem rechten Fuß hinter As linken (vorderen) Fuß kommt. Dabei greift er mit der linken Hand As linkes Handgelenk und legt seinen Unterarm auf As Oberarm. Mit der Gewichtsverlagerung nach rechts richtet er den Druck seines Zurückrollens auf As Zentrum aus.

Zuvor (in Nr. 18) hatte B As rechte Flanke angegriffen. Nun kreist B – As linke Hand, die ihn hält, als Mittelpunkt nehmend – noch einmal um A, um nun dessen linke Flanke zu attackieren. Bs Kreisen ist das Ins-Leere-laufen-lassen von As Faustschlag (aus Nr. 19), dessen neutralisierte und gespeicherte Kraft B in As Flanke auf dessen Zentrum zurückrollen lässt.

A 21. Schulterstoß links

A sinkt ins linke Bein und setzt das rechte, Bs Kraftrichtung folgend, nach hinten, verlagert das Gewicht dorthin, richtet das linke Bein auf B aus und verlagert, sobald Bs Zurückrollen neutralisiert ist, das Gewicht zum Schulterstoß nach vorne.

Der Schulterstoß kann generell als Antwort auf ein Ziehen (*cai*) des Gegners gedacht werden. Daher auch der Bewegungsablauf in der Form, wo der rechte Fuß nach „Hände heben" erst zurückgezogen und dann wieder nach vorne gesetzt wird. Das simuliert den Schritt, mit dem zugleich das Ziel anvisiert wird. (Im Normalfall wird der Schritt zwischen die Füße des Gegners gesetzt, so dass die Aufprallfläche des Schulterstoßes auf dessen Rumpf liegt.) In *Dalü*, wo der Gegner mit Schritt aus größerem Abstand zieht, wird der Schulterstoß mit Zwischenschritt ausgeführt. Hier lässt A sich durch die Rückzugsbewegung von B „ziehen". Der vorherige eigene Rückzug gehört als neutralisierende Yin-Phase zu ihm dazu. (Vgl. Nr. 45)

B 22. Körper drehen und stoßen

B gibt As Schulterstoß nach, verlagert das Gewicht nach links und setzt den rechten Fuß mit der (nach rechts) drehenden Hüfte nach hinten, um den linken Fuß auf A auszurichten. Dabei legt er beide Hände auf As rechten Arm (Handgelenk und Ellbogen) und stößt nach vorne.
  Die Ausrichtung ist nun wieder frontal.

A 23. Beide Seiten trennen und Fersentritt

A gibt nach und setzt den linken Fuß entsprechend Bs Kraft nach hinten, verlagert sein Gewicht dorthin, sinkt und hebt das rechte Bein zum Fersentritt in Bs Schritt, während seine Arme gleichzeitig Bs Arme trennen, d.h. von unten an dessen Handgelenken öffnend nach außen und oben führen.

Wie schon in Nr. 15 trennt A das beidseitige Stoßen von B; diesmal nicht mit Hilfe der Hüftdrehung zu einer Seite, um auf der anderen zu attackieren, sondern durch Sinken mit gerade gestellter Hüfte. A flieht nicht vor Bs Stoßen, er will ihn auch nicht auf Distanz halten. Im Gegenteil, A will B, solange dieser noch in der Vorwärtsbewegung ist, geradezu in seinen Fersentritt hineinziehen.

B 24. Fauststoß in die Schrittgegend

B versetzt seinen linken Fuß gemäß der Reichweite von As Fersentritt nach hinten und verlagert sein Gewicht dorthin, während er seine linke Hand an As tretendes Bein legt. In den geöffneten Raum setzt er sein rechtes Bein und stößt nun mit der rechten Faust in die Leistengegend von A.

So wie A zuvor (Nr. 23) Bs Stellung geöffnet hatte, um dessen Mitte mit dem Fuß anzugreifen, so attackiert nun B die Mitte seines Gegners mit der Faust, nachdem er dessen Stellung geöffnet hat.

A 25. Ziehen und zerreißen

A zieht sein rechtes Bein zurück und setzt es hinten ab, während er mit seiner Hüftdrehung nach rechts Bs Fauststoß an sich vorbeilaufen lässt. In dieser Bewegung legt er sein linkes Tigermaul auf Bs Ellbogen, versetzt seinen linken Fuß leicht nach vorne, um dann das rechte Bein an B vorbei und hinter dessen vorderen (rechten) Fuß zu setzen. Er verlagert das Gewicht an B vorbei nach vorne, den er berührt und nun mit spaltender Kraft diagonal „zerreißt".

Wie schon in Nr. 17 führt eine gegenläufige Bewegung aus dem frontalen Hin und Her heraus, um spaltende Kraft anzuwenden. As linker Arm lenkt Bs Arm nicht ab, sondern entnimmt ihm den Kraftverlauf, um sich gegenläufig zu Bs Angriffsbewegung an diesem vorbei zu bewegen. Sich gegenläufig am Anderen vorbei zu bewegen, lässt die Stellung wesentlich enger werden als das frontale Vor und Zurück oder auch meist als das Kreisen um den Gegner herum. Höchste Präzision ist erforderlich, deren Schlüssel im genauen „Hören" und Verstehen der Kraft des Anderen liegt.

B 26. Weberschiffchen rechts

B setzt seinen linken Fuß nach hinten und lässt den rechten Fuß folgen (um As vorderes, rechtes Bein herum). Dabei dreht er nach links und lässt den rechten Arm nach oben schwingen. In fließendem Übergang setzt er den rechten Fuß nach hinten, dreht nach rechts und lässt dabei seinen linken Arm hochschwingen, der sich von unten an As rechten Arm legt. So öffnet er As Mitte, richtet den linken Fuß auf A aus und sticht bei der Gewichtsverlagerung (nach vorne, links) und abschließend gerade drehender Hüfte mit der flachen rechten Hand in Richtung von As Gesicht (oder tiefer).

Wichtig ist, dass B den linken aufschwingenden Arm nicht als harten Block verwendet, sondern sich in die Bewegung von A einblendet. Es ist, als würde ein Kettfaden durch ein Weberschiffchen gehoben, so dass der rechte Arm wie ein Schussfaden in die Lücke stoßen kann.

A 27. Abwehren nach links und spaltender Faustschlag nach rechts

A stößt sich vom vorderen rechten Bein ab und setzt den linken Fuß weiter zurück, wobei der linke Arm nach oben schwingt und Bs angreifenden rechten Arm nach oben führt. Dann verlagert A das Gewicht wieder auf den neu abgesetzten rechten Fuß, dreht und führt mit dem rechten Arm in die entstandene Lücke einen Rückhandschlag auf Bs Gesicht aus.

Die Kraft des spaltenden Faustschlags entfaltet sich, wenn das vordere Bein voll geworden ist mit dem Sinken und Geradedrehen der Hüfte. Der Ellbogen, der mit der Hüfte verbunden ist, wird zum Drehpunkt, über den der Unterarm nach vorne katapultiert wird. Es sind die Knöchel der zur Faust geformten Rückhand, die auftreffen sollen. Die Richtung des Schlages ist durch die Stellung des vorderen Fußes gegeben, die Wucht kommt aus der Hüftdrehung.

B 28. Der weiße Kranich breitet seine Schwingen aus (Fersentritt)

B zieht sich aufs hintere (rechte) Bein zurück, fasst A (von innen) an den Armen, sinkt und tritt mit der linken Fußsohle in As Leistengegend (oder tiefer).

Auch hier – wie bei allen Figuren, in denen im Rückzug nach hinten neutralisiert wird –, wird der rechte Fuß nur genau soweit nach hinten gesetzt, dass der Körper (hier: das Gesicht) dem Angriff entzogen wird, man aber noch nah genug am Anderen ist, um ihn mit der daraus folgenden Yang-Bewegung zu treffen. Die beiden Arme ziehen („ohne zu ziehen") A in den Fußtritt von B; ähnlich wie A in Nr. 23 B in seinen Fersentritt (und in Nr. 15 in einen Spaltenden Faustschlag) gezogen hat.

A 29. Schulterstoß links

A lässt Bs Tritt ins Leere laufen, indem er das rechte Bein nach hinten nimmt und mit der Körperdrehung nach rechts den Rumpf von B abwendet. Gleichzeitig schwingt sein rechter Arm mit der Faust nach unten und führt Bs tretendes Bein an sich vorbei. Nach der Gewichtsverlagerung auf das hintere Bein setzt er den linken Fuß nahe an B ab und greift ihn mit Schulterstoß an.

Auch hier ist die Idee, dass sich durch das Ins-Leere-laufen-lassen des Angreifers eine Lücke öffnet, in die hinein die Umkehrbewegung (Yang-Phase) als Angriff geführt wird.

B 30. Zurückweichen und Arm brechen

B dreht mit der Hüfte nach links, was As Schulterstoß Bs Rumpf als Angriffsfläche enzieht und zugleich den linken Fuß hinter den Körper bringt; nicht zu weit von A entfernt und so, dass B nun mit Versetzen des rechten Beins auf As Seite (links von A) kommt. B hat bereits mit der linken Hand As linkes Handgelenk gefasst und legt nun den rechten Unterarm auf As linken Oberarm, sinkt und „bricht".

Die martialisch klingende Figur „Arm brechen" ähnelt äußerlich dem (sanften) Zurückrollen. Aber die Kraft fesselt den Gegner nicht, um ihn wegzuschleudern, sondern um mit dem Sinken eine brechende Kraft nach unten auszuüben. Im Unterschied zum Zurückrollen wird die obere Hand zu einer (lockeren) Faust geformt.

A 31. Körper drehen und stoßen

A folgt der spaltenden Kraft von B, indem er ganz ins linke Bein sinkt, das er nun als Drehpunkt einsetzt und mit der Hüftdrehung nach links (auf B zu) das rechte Bein vor B schwingt. Gleichzeitig schwingt sein rechter Arm nach oben auf Bs Schulter oder Brustkorb, während der linke sich von innen nach außen um Bs Handgelenk bzw. Unterarm dreht. So stößt A, das Momentum von Bs Kraft nutzend, weg.

In dieser Figur neutralisiert A über das vordere, bereits Gewicht tragende, Bein, um es als Achse der Drehung zu benutzen. Diese Art des Neutralisierens kann anfangs kontra-intuitiv wirken, da es nicht zum gewohnten Hin- und Herwogen des Gewichts kommt. Sie funktioniert wie ein Drehkreuz und erlaubt eine Umlenkung der Kraft auf kürzeste Distanz.

B 32. Wind in die Ohren dringen lassen

B neutralisiert As Stoßen, indem er sich vom rechten (vorderen) Fuß abstößt, den linken Fuß nach hinten setzt und den rechten nachkommen lässt. Bs Arme schwingen nach unten aus. Sobald As Kraft ausgelaufen ist, stößt B sich vom hinteren Bein wieder ab und setzt den rechten (vorderen) Fuß so, dass er mit seinen Fäusten, die kreisförmig wieder nach oben ausschwingen, As beide Ohren angreifen kann.

B hatte zuvor (Nr. 31) die Kraft, die er selbst mit „Arm brechen" (Nr. 30) anwenden wollte, auf direktem Weg durch As Stoßen zurückbekommen. Das führte dazu, dass B in der Rückwärtsbewegung kurz den physischen Kontakt zu A verlor. Er bleibt aber mit ihm im selben Geschehen verbunden. Bs Rückwärtsbewegung ist die Yin-Phase, mit der er die Wucht von As Angriff neutralisiert und aus der Bs Yang-Phase geboren wird. „Unterbrochen – und wieder verbunden" [B32].

A 33. Beidseitig stoßen

A weicht zurück und setzt den linken Fuß nach hinten; die Arme, die mit den Hüften verbunden sind, folgen, fangen Bs Fäuste ab und stoßen mit der Gewichtsverlagerung nach vorne auf Bs Zentrum.

Zöge B seine Fäuste zurück, stieße A dessen Körper. Nach der überraschenden Drehung in Nr. 31 attackieren und neutralisieren A und B nun wieder in frontaler Ausrichtung.

B 34. Ablenken und tiefer Fauststoß

B setzt den linken Fuß nach hinten und lenkt mit der Linken As rechten Arm nach oben, während er mit der rechten Faust A auf Bauch- oder Solarplexus-Höhe angreift.

Die Bewegung wogt vor und zurück. Um die Mitte anzugreifen, wird der Angriff des Anderen jeweils zur Seite abgelenkt; ähnlich wie in den Nummern 3, 4, 16 und 24.

A 35. Einfaches Schieben

A zieht sich aufs linke Bein zurück, dreht nach rechts, so dass er seinen Rumpf aus der Stoßrichtung von B bringt und setzt den rechten Fuß nach hinten. Gleichzeitig schwingen seine Arme hoch, um sich mit Bs rechtem Arm zu verbinden und ihn nach oben zu führen. Die linke Hand legt sich auf (bzw. beim Üben immer oberhalb von) Bs Ellbogen, die rechte Hand fasst mit dem Tigermaul Bs Handgelenk. In dem Moment, in dem B sich zurückziehen will, folgt A und schiebt (über die blockierende Schulter) auf die Zentrumslinie von B.

Die Bewegung ähnelt derjenigen beim Schulterstoß in Nr. 5. Die Kunst besteht darin, sich in die Angriffsbewegung einzublenden, ihr den Angriffspunkt durch Leerwerden zu entziehen und auf dem Umkehrpunkt der Bewegung die Kontrolle (ebenfalls durch Folgen) zu übernehmen.

B 36. Rechts den Arm überrollen

B, noch auf dem vorderen (rechten) Bein, sinkt, um das Blockieren seiner Schulter zu verhindern, dreht nach links und lässt dabei den linken Fuß mitkommen, so dass er sich auf As rechte Seite ausrichtet. Dabei schwingen seine Arme derart mit, dass der rechte Oberarm As rechten Oberarm nahe an dessen Schulter unterfasst, während Bs linke Hand sich von oben auf As rechten Unterarm legt. Mit dem Gewicht links, dreht B nun nach rechts und übt eine hebelnde Kraft in Richtung von As Zentrumslinie aus.

Es handelt sich um eine der Bewegungen, bei der es nicht vor und zurück geht, sondern die Ausrichtung auf den Gegner verändert wird. Auch hier setzt das Neutralisieren noch auf dem vorderen Bein ein, wobei das Sinken dann zur Gewichtsverlagerung auf das andere Bein führt. Damit dies gelingt, ist es wichtig, sich vom Gegenüber alle Veränderungen „einflüstern" zu lassen (ohne dass er es merkt).

A 37. Folgen und Stoßen

A (mit dem Gewicht links) sinkt und dreht nach rechts, um der hebelnden Blockade zu entgehen. Dadurch verliert Bs Überrollen seinen Angriffspunkt und As rechter Arm befindet sich bewegungsfähig zwischen Bs beiden Arm, was ihn zu einem Stoßen (oder Schlagen mit der Handfläche) auf Bs Gesicht führt.

Wer entspannt ist – das heißt: gesunken und in all seinen Gliedern über durchlässige Gelenke miteinander verbunden –, kann der veränderten Angriffsrichtung des Anderen durch Sinken und Drehen folgen. Er lässt sich durch dessen Kraftvektor auf dessen Zentrum ausrichten.

B 38. Neutralisieren und mit der rechten Handfläche schlagen

B dreht nach links und bringt sein Gesicht nach hinten außer Reichweite, indem er den linken Fuß nach hinten versetzt. Seine linke Hand legt sich auf As rechten Arm und kontrolliert ihn, um nun mit der Gewichtsverlagerung nach vorne den eigenen rechter Arm auf die linke Seite von As Gesicht schwingen zu lassen.

Alles hängt vom Rhythmus ab; und von den Vektoren, die aus der Neutralisierung entstehen, um den Angriff des Gegners am Umkehrpunkt auf ihn zurückzulenken.

A 39. Neutralisieren und schieben

A bringt sein Gesicht durch Versetzen des linken Fußes außer Reichweite, sinkt, dreht und nimmt den rechten Fuß nach hinten. Gleichzeitg schwingen seine Arme nach oben, wobei der linke Bs Oberarm unterfasst und das Tigermaul des rechten Arms Bs rechtes Handgelenk kontrolliert. Dann schiebt er mit Gewichtsverlagerung nach vorne (links) auf Bs Zentrum.

Der Bewegungsablauf ähnelt dem Schieben in Nr. 35 und dem Schulterstoß in Nr. 5. Beim Üben ist es das Ziel, sich beim Neutralisieren so in Bs Bewegung einzublenden, dass dieser am Umkehrpunkt gefesselt ist.

B 40. Neutralisieren und Ellbogenstoß rechts

B zieht sich zurück und entzieht A durch Sinken den von diesem gefassten (rechten) Arm. Bs linke Hand legt sich auf As rechten Arm, während er den eigenen rechten Arm anwinkelt und nun zwischen As Armen hindurch auf dessen Rumpf bzw. Solarplexus zielt.

Es geht vor und zurück. Aber während die vorherige Angriffsbewegung (Nr. 38 „Mit der Handfläche schlagen") von außen auf A gelenkt wurde, stößt B hier (Nr. 40) in der Mitte vor.

A 41. Ziehen und zerreißen

A zieht den (vorderen) linken Fuß zurück, legt dabei seine linke Hand über Bs Ellbogen und setzt seinen rechten Fuß nach vorne an B vorbei, hinter dessen rechten (vorderen) Fuß. Mit der Gewichtsverlagerung nach vorn lässt er den rechten ausgestreckten Arm auf Bs Brustkorb (oder Hals) schwingen und wendet mit der Hüftdrehung die spaltende Kraft des Zerreißens an.

Wichtig ist, dass A Bs Kraftentwicklung nicht durch Zerren oder Stoßen an dessen Ellbogen unterbricht und dass A sich mit richtigem Timing gegenläufig zu Bs Vorwärtsbewegung seinerseits an ihm vorbei bewegt. Er muss die Achse schon aufgebaut haben, wenn B sich zurückziehen will.

B 42. Kreisender Schritt und brechen

B folgt As Angriff und verlagert das Gewicht nach links, sinkt und dreht nach rechts, wobei er den rechten Fuß nach hinten mitkommen lässt und den linken Fuß an A vorbei auf dessen rechter Seite (von B aus links) absetzt. Gleichzeitig schwingen Bs Arme hoch; sein rechter so, dass er sich um As rechten Unterarm (oder Handgelenk) dreht; und sein linker Arm so, dass sich sein Unterarm auf As Oberarm legt – so dass er mit dem Sinken As blockierten Arm „brechen" kann.

Um sich aus einer schwierigen Situation zu befreien, bedarf es keiner schnellen Bewegung, sondern eines exakten Folgens. B dreht sich in As Rücken, indem er den Zug nach unten an seinem rechten Oberarm nutzt, um seinen Unterarm steigen zu lassen; und indem er sich durch den Druck des auf ihn gelegten Arms zurück bewegen lässt. Wenn B spürt, dass As Angriff dadurch neutralisiert ist, bedeutet das den Umkehrpunkt der Bewegung, an dem Bs Yang-Phase entsteht.

A 43. Rechts den Tiger schlagen

A sinkt in sein vorderes (rechtes) Bein, dreht nach links und setzt seinen linken Fuß nach hinten, lässt den rechten folgen und setzt ihn auf der linken Seite von B ab (von A aus gesehen rechts). Durch das Sinken und Drehen mit der Kraftrichtung von B hat A seinen rechten Arm befreit, dessen Faust nun B in der Nierengegend (oder am Kopf) attackiert, während er mit der linken Hand Bs linken Arm über dem Ellbogen kontrolliert.

Hatte B zuvor (Nr. 42) sich links um A herum bewegt, so dreht sich A nun rechts um B. Ein Angriff von der Seite wird durch seine Neutralisierung in einen (Gegen-)Angriff auf der anderen Seite überführt.

B 44. Körper drehen und zurückrollen

B weicht dem Faustschlag von A aus, indem er das Gewicht aufs rechte Bein verlagert, nach links dreht, den linken Fuß hinter den rechten setzt und den rechten Fuß neben As linke Seite setzt. Dabei greift seine linke Hand um As linken Unterarm (oder Handgelenk), während sich sein eigener rechter Unterarm auf As Oberarm legt, von wo er auf As Zentrum zurückrollt.

Auch bei dieser Figur wird ein Angriff von der Seite durch eine Drehbewegung neutralisiert, die wiederum zu einem Angriff von der Seite führt. Man folgt der Kraft des Anderen und dreht sich um die eigene Achse; immer aber so, dass man auf die Zentrumslinie des Anderen orientiert bleibt. Verliert man diese Orientierung und bewegt man sich nur in sich selbst, dann sind A und B nicht mehr wie Yin und Yang verbunden.

A 45. Schulterstoß links

A folgt der Kraft von Bs Zurückrollen durch Sinken ins linke Bein und Versetzen des rechten Beins nach hinten, um den Angriff zu neutralisieren. A bleibt in Kontakt und setzt auf dem Umkehrpunkt seinen linken Fuß zwischen Bs Beine, um ihn mit Schulterstoß anzugreifen.

A lässt sich – ähnlich wie in Nr. 21 beschrieben – durch die Rückzugsbewegung von B „ziehen".

B 46. Zurückgehen und drücken

B sinkt mit dem Druck, der auf ihn zukommt, ins vordere (rechte) Bein, dreht nach links auf und versetzt das linke Bein nach hinten. wohin er sein Gewicht verlagert. Er sinkt, richtet sich auf A aus, wobei er das rechte Handgelenk auf As Oberarm legt und stößt mit Drücken vor.

Wie in allen Bewegungen wird die Kunst des richtigen Abstands aus der Übung geboren. Folgt man einem Angriff, um ihn zu neutralisieren, so wird der Fuß nur soweit nach hinten gesetzt, wie dazu nötig. Entsprechend wird auf dem Umkehrpunkt der Vorderfuß angepasst. Das Üben von *Sanshou* verlangt „Kein Zuviel und kein Zuwenig" im Abstand zum Gegner bei permanenter Veränderung der Stellungen mit Schritten. Gibt es „keine Lücken und Löcher" [A5], fühlt sich der Andere permanent in Bedrängnis. Lässt man es dabei zum Übermaß kommen, ist man hingegen ein leichtes Opfer für den Anderen.

A 47. Beide Seiten trennen und Schulterstoß

A lässt sich ins hintere (rechte) Bein schieben, wobei seine Arme nach oben schwingen und Bs Arme trennen und öffnen. Dann verlagert A das Gewicht wieder ins leicht zurückgezogene linke Bein und setzt den rechten Fuß zwischen Bs Füße, während er das Tigermaul links und rechts um dessen Handgelenke (oder Ellbogen) dreht. Nun sinkt und dreht er im rechten Bein nach links, während sich seine Arme ausbreiten und Bs Rumpf (Brustkorb, Solarplexus) freilegen, den er mit der Drehung als Schulterstoß angreift.

Normalerweise wird der Schulterstoß wie in der Form mit angelegtem Arm ausgeführt. Hier sind die Arme ausgebreitet und die Aufprallfläche ist nicht der Oberarm, sondern die rechte Oberseite des Rumpfes. Wir nennen das den „inneren Schulterstoß". Er ist in der Form in der Figur „Die Faust unter dem Ellbogen" verborgen enthalten.

B 48. Schulterstoß links

B antwortet auf As Schulterstoß ebenfalls mit einem Schulterstoß, aber einem „konventionellen". B sinkt mit Drehung nach links ins linke Bein, was As rechten Arm löst, den B nun mit seinem eigenen rechten Arm von unten nach oben schwingend unterfasst. Sodann dreht B nach rechts, lässt den rechten Fuß nach hinten mitkommen, setzt den linken Fuß hinter As linkem Fuß ab und greift dessen Rumpf mit Schulterstoß an.

Während oft Schulterstoß die Antwort auf Ziehen ist und Spalten diejenige auf Schulterstoß, so ist hier Schulterstoß die Antwort auf Schulterstoß.

A 49. Ellbogenstoß rechts

A setzt den linken Fuß soweit wie nötig zurück, um Bs Angriff zu neutralisieren und setzt den rechten Fuß neben As linkem Fuß neu ab. Dann verlagert er das Gewicht nach rechts, sinkt und dreht, um mit seinem angewinkelten Arm Bs Nierengegend zu attackieren. Sein linkes Tigermaul kontrolliert dabei Bs linkes Handgelenk.

Eine Variante zu dieser Version ist ein „konventioneller" Ellbogenstoß, bei dem A Bs linken Arm mit dem Neutralisieren nach oben führt, um dann in dem geöffneten Raum mit gerade geführtem Ellbogen zu attackieren.

B 50. Goldener Hahn steht auf einem Bein

B zieht sein hinteres (rechtes) Bein ein wenig zurück, verlagert sein Gewicht dorthin, sinkt und dreht nach links, was As Ellbogen seinen Angriffspunkt entzieht. Dabei heben sich Bs Arme und greifen As Arme von innen (an den Handgelenken oder Ellbogen). Gleichzeitig mit dem Drehen und Sinken hebt B sein linkes Bein mit dem Knie nach oben, so dass er As Leistengegend bedroht.

Es gilt, wie schon bei dem Tritt in Nr. 23, dass A in Bs Bein hineingezogen würde, wenn er mit seiner Angriffsaktion übermäßig geworden wäre und sich nicht mehr zurückziehen könnte.

A 51. Schritt zurück und neutralisieren

A versetzt den linken Fuß leicht zurück, folgt mit dem Gewicht und setzt den rechten Fuß nach hinten, ohne schon das ganze Gewicht dorthin zu verlagern. Gleichzeitig greift er links und rechts Bs Arme und zieht B nach vorne und unten.

So wie in *Dalü* auch, muss das Ziehen (auch: „Pflücken", *cai*) noch mit dem Gewicht auf dem Vorderbein beginnen, weil man sonst keine Reserve und Ausweichmöglichkeit mehr hätte, wenn der Gegner noch eine Antwort (hier: Ferstentritt, in *Dalü*: Schulterstoß) parat hat.

B 52. Fersentritt

Bevor B von A nach unten gezogen werden könnte, sinkt er noch weiter in sein (rechtes) Standbein und streckt die Ferse des linken Beins zum Tritt auf As Leistengegend (Knie, Unterbauch). Gleichzeitig mit dem Sinken und Strecken breiten sich seine Arme nach unten aus, wodurch A, wenn er festhielte, in den Fersentritt gezogen würde.

Gerade bei Stellungen auf einem Bein darf man sich nicht mit den Armen am Gegner festhalten, sonst hätte man sich „in seine Hand" begeben. Stattdessen müssen die Arme über die Ellbogen mit den Hüftgelenken verbunden sein.

A 53. Schulterstoß

A verlagert das Gewicht nach hinten und dreht nach rechts auf, um den Ferstentritt ins Leere laufen zu lassen. Der rechte Arm schwingt nach unten zwischen As Körper und Bs tretendes (linkes) Bein. Während B sein Bein absetzen muss, setzt A seinen linken Fuß unter Bs Körper und greift mit Schulterstoß über den linken Arm an.

B muss darauf achten, den Goldenen Hahn (Nr. 50) und den Ferstentritt (Nr. 52) als zwei unterschiedene Bewegungen auszuführen – was nur geht, wenn A sein Neutralisieren (Nr. 51) nicht schon auf dem Hinterbein ausführt.

B 54. Den linken Arm brechen

B zieht den linken Fuß zurück und setzt ihn mit einer Hüftdrehung nach links hinter sich, hebt dann den rechten Fuß an As linkem Fuß vorbei und setzt ihn an As linker Seite ab. Mit der Hüftdrehung sind Bs Arme mitgeschwungen, wobei die Linke As linkes Handgelenk (oder den Unterarm) greift und Bs rechter Oberarm sich auf As linken Oberarm legt. Mit dem Drehen und Sinken im rechten Bein übt B das „Brechen" aus.

Die Kraft des Brechens kommt nicht aus den Armen, sondern aus dem drehenden Sinken. Dazu müssen die Arme über die Ellbogen mit der Hüfte verbunden sein.

A 55. Körper drehen, Trennen und Treten rechts

A folgt dem Druck auf seinem linken Arm, indem er über Sinken und Drehen das Gewicht nach hinten verlagert und dann, weiter im rechten Bein sinkend und drehend, den linken Fuß nach hinten zieht. Daraufhinn verlagert er das Gewicht nach links, sinkt und tritt mit der Fußaußenseite (oder der Fußspitze, je nach Abstand auch mit einem anderen Punkt) seines rechten Beins gegen Bs Knie (Oberschenkel, Becken, Leber, Rippen, Achselhöhle...). Während der Gewichtsverlagerung nach hinten haben sich seine Arme in einer kreisenden Bewgung zum Kreuzen nach oben bewegt, um Bs rechtes Handgelenk (oder seinen Ellbogen) zu unterfassen und mit dem Öffnen der Kreuzung zu heben.

Auch hier gilt: Sich nicht am Gegner festhalten, sondern auf dem eigenen Fuß stehen, auch wenn es hier nur einer ist.

B 56. Trennen und Knie streifen rechts

B versetzt das linke Bein nach links hinten und verlagert das Gewicht dorthin, während er seinen linken Arm hochschwingt, um As rechten Arm am Handgelenk zu übernehmen. Dann dreht er nach rechts, um mit einer Abwärtsbewegung seines rechten Arms As tretendes Bein am Knöchel (oder oberhalb) zu kontrollieren.

Die Bewegung des rechten Arms von B führt zu keinem Block, der Tritt von A wird durch die Gewichtsverlagerung und Drehung neutralisiert. Über das rechte Handgelenk könnte B im Verbund mit der Kontrolle von As rechtem Handgelenk (wenn As Bewegung übermäßig wäre) durch eine Gegendrehung in der Hüfte eine hebelnde Kraft entfalten und A umwerfen. In seinem Kniestreifen ist eine spaltende Kraft verborgen.

A 57. Körper drehen, Trennen und Treten links

A setzt den rechten Fuß rechts ab, so dass er auf die linke Seite von B kommt, und lässt den linken Arm nach oben kreisen, um Bs linkes Handgelenk zu übernehmen und damit auch Bs linke Flanke zu öffnen. Dann tritt er mit dem linken Fuß (so wie in Nr. 55 mit rechts) in Bs linke Seite (Knie, Oberschenkel, Becken, Leber, Rippen oder Achselhöhle...)

In den Figuren Nr. 55-58 übernehmen beide, A und B, den Arm des Gegners jeweils mit einem Kreuzen der Hände. „Hände kreuzen" ist in der Solo-Form nicht nur eine wiederkehrende, so benannte Figur, sondern als Element auch in anderen Figuren vorhanden („Ablenken, Parieren und Fauststoß", „Trennen und Treten"). Eine Anwendung der kreuzenden Arme kann sein, einen Angriff seitlich an sich vorbeizuführen und gleichzeitig gegenläufig mit dem anderen Arm (und/oder Fuß) anzugreifen. Hier (in Nr. 57) hält As oben verbleibender Arm B fern, um unten die Flanke für einen Angriff zu öffnen.

B 58. Trennen und Knie streifen links

Auch B wiederholt seine Bewegung (aus Nr. 56) spiegelbildlich. Während er mit einem Schritt nach rechts As linkem Fußtritt ausweicht, kreuzen seine Arme, um mit dem rechten Arm As linkes Handgelenk zu kontrollieren, Gleichzeitig kontrolliert sein eigenes linkes Handgelenk As Bein am Knöchel (oder oberhalb).

Während A und B oben mit dem Kreuzen der Hände spiegelbildlich dasselbe machen, ist das Geschehen unten gegensätzlich. Während A Bs Flanke für einen Angriff mit Fußtritt öffnet, schützt B seine Flanke mit einer Bewegung, die A umzuwerfen droht.

A 59. Kreisende Hand und Schulterstoß rechts

A senkt den (linken) Fuß und setzt ihn nach hinten, wobei er gleichzeitig seinen rechten Arm von unten in einer Linksdrehung an das rechte Handgelenk von B schwingen lässt, um dieses in einer weiterführenden Kreisbewegung nach rechts unten und dabei zugleich (während der Rückwärtsbewegung) zu sich hin zu führen. Auf dem Scheitelpunkt der Bewegung – wenn sein Gewicht links hinten ist und er sinkt, um es wieder nach vorne zu bringen – muss er Bs Arm durch die kreisende Bewegung an dessen Rumpf vorbeigeführt haben, um seinen Schulterstoß (mit Fuß innen neben dem Fuß von B) in der so entstandene Lücke zu landen.

Arm- und Beinbewegung müssen genau koordiniert sein. Bs Arm kreisend nach unten zu nehmen, gelingt nur, wenn in der Abwärtsbewegung zugleich eine ziehende Bewegung weg von B ist. Es gibt auch eine Ausführung, bei der A Bs Arm nicht an dessen Rumpf vorbei führt, sondern nur soweit, bis er auf Schritthöhe von B senkrecht nach unten zeigt. In diesem Fall setzt A seinen rechten Fuß außen neben Bs Fuß; sonst nach innen.

B 60. Zurückgehen und Schulterstoß rechts

B neutralisiert, indem er einen Schritt zurück macht, während dessen er seinen rechten Arm im Uhrzeigersinn kreisen lässt, dabei As (rechtes) Handgelenk fasst und A nach unten und zu sich hin zieht. Auf dem Scheitelpunkt der Bewegung – wenn sein Gewicht links hinten ist und er sinkt, um es wieder nach vorne zu bringen – muss er As Arm durch die kreisende Bewegung an dessen Rumpf vorbeigeführt haben, um seinen Schulterstoß (mit Fuß innen neben dem Fuß von B) in der so entstandene Lücke zu landen.

Es gibt – entsprechend der für Nr. 59 erwähnten Variante – auch hier eine Ausführung, bei der B As Arm nicht an dessen Rumpf vorbei führt, sondern nur soweit, bis er auf Schritthöhe von B senkrecht nach unten zeigt. In diesem Fall setzt B seinen rechten Fuß außen neben Bs Fuß.

A 61. Den Vogel beim Schwanz fassen links

A dreht nach links, setzt den linken Fuß zurück und lässt das Gewicht sowie den rechten Fuß folgen. Auf dem linken Fuß dreht A nach rechts und setzt seinen rechten Fuß entsprechend der Hüftdrehung neu ab. Gleichzeitig dreht sich As rechtes Handgelenk um das rechte Handgelenk von B und der linke Arm kommt in einer kreisenden Bewegung mit. A setzt den linken Fuß hinter den rechten Fuß von B, verlagert das Gewicht nach vorne, lässt den linken Arm unter Bs rechtem Arm auf dessen Körper schwingen und wendet mit dem Geradedrehen seiner Hüfte *peng* (Abwehren) an.

Die Kraftentwicklung ist auch als Spalten möglich, ähnlich wie im Übergang von „Abwehren" zu „Zurückrollen" in der Solo-Form; oder wie in „Diagonal Fliegen". (Siehe hierzu auch Nr. 70 und Nr. 72)

B 62. Wolkenhände

B gibt As Kraft nach, verlagert das Gewicht zurück (aufs linke Bein), dreht nach rechts und lässt den rechten Fuß folgen, um den linken an A vorbei (auf As rechter Seite) abzusetzen. Gleichzeitig dreht Bs rechter Arm um As rechtes Handgelenk, während Bs linker Arm kreisförmit ausschwingt und sich mit dem Unterarm auf As Oberam (oder mit der Hand auf As Schulter) legt, um ihn von der Seite zu bedrängen.

Während in der Solo-Form die Figur „Wolkenhände" von innen und unten nach oben und außen ausgeführt wird, wird hier die entgegengesetzte Bewegungsrichtung von außen und oben nach innen (rechts) und unten entfaltet.

A 63. Den Vogel beim Schwanz fassen rechts

A folgt dem Druck von B, zieht sich zurück, dreht nach links und setzt das rechte Bein mit der Gegendrehung nach rechts neben Bs linkes Bein. Gleichzeitig dreht sich seine linke Hand um Bs linkes Handgelenk und der rechte Arm schwingt von unten nach oben unter Bs Achsel, um mit der Gewichtsverlagerung und der Hüftdrehung *peng* (Abwehren) rechts anzuwenden.

Auch hier könnte A (so wie in Nr. 61) anstelle der *peng*-Kraft eine spaltende Kraft wie in „Diagonal Fliegen" anwenden.

B 64. Wolkenhände

B zieht sich auf sein rechtes Bein zurück, dreht die Hüfte nach links und setzt den rechten Fuß um A herum (auf dessen linke Seite). Gleichzeitig dreht Bs linker Arm um As linkes Handgelenk, während Bs rechter Arm kreisförmit ausschwingt und sich mit dem Unterarm auf As Oberam (oder mit der Hand auf As Schulter) legt, um ihn von der Seite zu bedrängen.

Die „Wolkenhände" unterscheiden sich nicht nur in ihrem Bewegungsvektor von der Ausführung in der Solo-Form, sondern auch im Übergang ineinander. Während sie in der Solo-Form die einzige sich seitlich aus dem Parallelstand ergebende Bewegung darstellen, kreisen sie hier um den Anderen herum; spiegelbildlich zu dessen Kreisen von einem „Abwehren" zum anderen.

A 65. Nach rechts öffnen

A folgt dem Druck von Bs Wolkenhänden, dreht in der Hüfte nach links, lässt den linken Fuß mitkommen und setzt ihn hinter sich ab. Dann verlagert A das Gewicht nach links und dreht die Hüfte weiterhin nach links, so dass er den rechten Fuß, den er mitkommen lässt, im rechten Winkel zu seiner vorherigen Ausrichtung absetzen kann. Sein linker Arm hat sich von innen nach außen bewegt und Bs rechten Arm am Handgelenk gefasst. Nun dreht A seine Hüfte nach rechts und lässt seinen rechten Arm im Uhrzeigersinn von unten nach oben kreisend mitschwingen, so dass er mit seiner Außenseite in den geöffneten Raum zwischen Bs Armen eindringt und Bs Rumpf (oder Kopf) attackiert.

Der Bewegungsablauf endet in einem Angriff auf das Gesicht von B mit Rückhandschlag. Die Klammern hinter dem vollständigen Figurennamen (s. S. 106) besagt, dass A auch mit *peng* (Abwehren) gegen den Rumpf von B vorgehen könnte.

B 66. Körper zur Seite wenden und spaltender Faustschlag

B sinkt ins rechte Bein, dreht in der Hüfte nach links und setzt dabei seinen linken Fuß so weit nach hinten, dass ihn As Angriff nicht erreicht. Gleichzeitig schwingt sein linker Arm von unten nach oben und fasst As rechten Arm am Handgelenk (Unterarm), während sein rechter Arm von unten und innen nach oben in den geöffneten Raum zwischen As Armen schwingt und mit der Gewichtsverlagerung nach vorne einen Rückhandschlag gegen As Gesicht (oder Brust) richtet.

Ob der Angriff in Nr. 65 und 66 auf Rumpf oder Gesicht erfolgt, hängt von der Dynamik und vom Abstand ab.

A 67. Weiter Blick vom Pferd

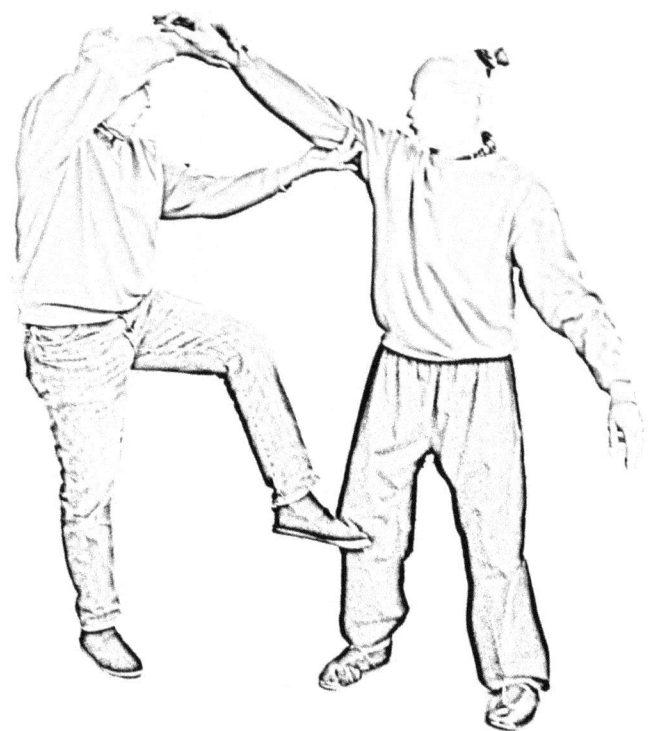

A verlagert das Gewicht nach links (hinten), dreht nach rechts und lässt den rechten Fuß mitkommen, den er hinter dem linken absetzt. Gleichzeitig schwingen die Arme mit, wobei der rechte mit dem Tigermaul Bs rechten Unterarm (oder Handgelenk) von oben umfasst, die linke Hand aber Bs rechten Oberarm von unten. Dann sinkt A ins rechte Bein und tritt mit dem linken Fuß in Richtung Bs Schienbein (oder Knie).

Bei den niedrigen Tritten gibt es oft verschiedene Optionen: Fußspitze, Voll- oder Innenspann. As linke Hand könnte auch Bs Gesicht attackieren.

B 68. Der weiße Kranich breitet seine Flügel aus

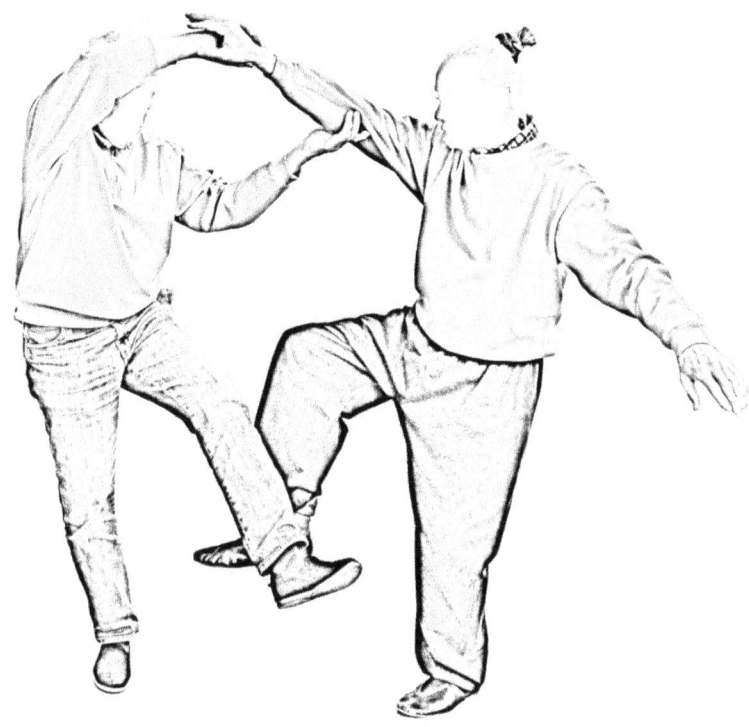

Bs rechtes Handgelenk kreist von innen an As rechtes Handgelenk, während B das Gewicht aufs hintere (linke) Bein verlagert und das rechte Bein der Reichweite von As Tritt entzieht. Dann lässt er den rechen Fuß um As linken Fuß kreisen, um ihn von rechts nach links zu treten.

Der erhobene Fuß im „Kranich" kann grundsätzlich einem tiefen Tritt dienen, der mit der Fußspitze oder dem Spann ausgeführt wird; oder aber dem Abfangen eines gegnerischen Fußtritts. Hier leistet der Tritt beides: Abfangen und Angriff.

A 69. Körper drehen und den Lotus streifen

A bleibt auf dem rechten Bein und vollführt mit Bs Tritt eine 180°-Drehung auf dem Ballen, an deren Ende er das Gewicht nach links verlagert. Während der Drehung löst er sich von Bs Händen, dann greift seine reche Hand das rechte Handgelenk von B. Nun sinkt A ins linke Bein und führt mit nach rechts drehener Hüfte einen kreisenden Tritt in Bs offene rechte Flanke.

Der Lotustritt kann auf unterschiedlicher Höhe ausgeführt werden und den Oberschenkel, den Beckenknochen, die Leber, die Nierengegend, die Rippen oder die Achselhöhle angreifen. Dabei kann der Spann, der Knöchel die Fußspitze oder auch das Knie eingesetzt werden.

B 70. Diagonal fliegen links

B weicht dem Lotustritt von A aus, indem er seinen Körper nach rechts dreht, den rechten Fuß mitkommen lässt und absetzt, während er mit der rechten Hand das rechte Handgelenk von A fasst. Dann setzt er den linken Fuß hinter dem gelandeten rechten Bein von A ab und verlagert das Gewicht dorthin, während er den linken Arm unter As rechtem Arm nach oben schwingen lässt und mit der Hüftdrehung einen diagonal spaltenden Hebel ansetzt.

Die Situation ähnelt der in Nr. 61 und 63, als A „Den Vogel beim Schwanz packen" anwandte. Eine Nuance im Spiel der Kraft entscheidet darüber, ob die Figur zur Anwendung einer spaltenden oder einer *peng*-Kraft führt.

A 71. Die listige Schlange kriecht zu Boden

A dreht die Hüfte nach rechts auf und setzt den rechten Fuß nach hinten. Er verlagert das Gewicht auf das rechte Bein, sinkt und richtet sich mit ausgestreckten Fingern des linken Arms auf Bs Leistengegend aus, um dort mit der Gewichtsverlagerung nach vorne anzugreifen.

Die „Gehockte Peitsche" heißt auch „Die listige Schlange kriecht zu Boden". Der große Kreis, der in ihr beschrieben wird, ermöglicht nach dem Neutralisieren einen plötzlich tief ansetzenden Angriff.

B 72. Diagonal fliegen rechts

B dreht nach rechts und versetzt den rechten Fuß nach hinten, auf den er das Gewicht verlagert und lässt dabei den rechten Arm zwischen den eigenen Schritt und As angreifende Linke kommen, die er am Handgelenk berührt. Dann dreht er nach links und lässt den linken Fuß mitkommen. Er verlagert das Gewicht nach links und setzt seinen rechten Fuß hinter den vorderen (linken) Fuß von A, während nun seine linke Hand das linke Handgelenk von A fasst und der rechte Arm unter As linkem Arm nach oben auf As Körper schwingt, um dort seine spaltende Kraft anzuwenden.

Die Bewegung verlangt durch die tiefe Stellung von A einen weiten Weg zurück. Die Umkehrung am Scheitelpunkt gelingt nur, wenn Bs linke Hand das Handgelenk von As angreifendem Arm am Umkehrpunkt der Bewegung „unhörbar" übernimmt.

A 73. Links den Tiger schlagen

A sinkt, nach links drehend, ins vordere (linke) Bein und setzt das rechte weiter nach hinten, um Bs Angriff zu neutralisieren und die linke Hand von Bs Griff zu lösen. Dabei schwingt As rechter Arm hoch und fasst Bs Handgelenk (oder Unterarm). Dann setzt A den linken Fuß links an B (dessen rechter Seite) vorbei, verlagert das Gewicht nach vorne und greift mit der Hüftdrehung nach rechts Bs Kopf mit einem Faustschlag an.

Nach einem tiefen Angriff auf die Mitte (in Nr. 71) unternimmt A nun einen hohen Angriff von der Seite; und zwar von genau der Seite, auf die ihn Bs „Diagonal fliegen" (Nr. 72) geschleudert hätte, wenn A kein Neutralisieren gelungen wäre.

B 74. Körper drehen und spaltender Faustschlag

B sinkt ins vordere (rechte) Bein und dreht die Hüfte nach rechts, um den linken Fuß nach links zu versetzen. Dann verlagert er das Gewicht nach links, um As Faustschlag ins Leere laufen zu lassen. Gleichzeitig hebt sich Bs linker Arm, um As rechtes Handgelenk von innen zu kontrollieren. In den nun geöffneten Raum dringt er mit der Gewichtsverlagerung nach rechts ein, um mit einem Rückhandschlag seines rechten Arms As Gesicht (oder Brustkorb) anzugreifen.

Die Situation ähnelt der in Nr. 11 und 12. Wie auch dort, hängt das Gelingen am Timing, nicht an der Geschwindigkeit der Bewegung. Treffen die zwei Faustschläge aufeinander, stimmt zudem die Positionierung nicht.

A 75. Zurückweichen und den Affen abwehren (1)

A verlagert das Gewicht nach rechts und setzt den linken Fuß nach hinten. Während der Rückwärtsbewegung legt sich As linke Hand auf Bs angreifende (rechte) Faust und führt sie (ohne zu drücken!) nach unten; gleichzeitig streckt sich die flache rechte Hand in Richtung von Bs Hals.

Der Körper wird nur soweit wie nötig auf den linken Fuß zurückgenommen, um der Reichweite von Bs Faustschlag zu entgehen, gleichzeitig aber noch Bs Hals mit der gestreckten rechten Hand bedrohen zu können. Neutralisieren und Gegenangriff geschehen hier nicht im zeitlichen Nacheinander von Phasen, sondern gleichzeitig.

B 76. Links klatschen

B zieht das rechte Bein knapp hinter das linke zurück und verlagert das Gewicht dorthin, während er den linken Fuß mit der Hüftdrehung (ohne Gewichtsverlagerung) nach rechts vorne aufsetzt. Zugleich schwingt der rechte Arm von innen (d.h. von links nach rechts) kreisend an As angreifende rechte Hand, während der linke ausgestreckte Arm mit der flachen Hand As rechte Gesichtshälfte (oder Ohr) angreift.

Die Figur ähnelt in ihrer Endstellung „Pipa spielen" oder „Hände heben" (und weiteren unbenannten Übergängen zwischen Figuren in der Form). Speziell ist aber das Ausschwingen des angreifenden Arms von außen nach innen, wie bei einer Ohrfeige.

A 77. Zurückweichen und den Affen abwehren (2)

A setzt den rechten Fuß nach hinten und verlagert das Gewicht soweit wie nötig. Dabei lässt er den rechten Arm mit der Hüftdrehung mitkommen und sich von innen an Bs angreifenden linken Arm legen. Gleichzeitig streckt sich der linke Arm mit der flachen Hand Bs Gesicht (oder Hals) entgegen.

In der Solo-Form wird der hintere Arm beim „Affen abwehren" nach unten gezogen, bevor er wieder nach oben ausschwingt. Hier bleiben beide Arme in der oberen Höhenlage. Es ist allerdings auch eine Anwendung denkbar, in welcher der angreifende Arm des Anderen nach unten gezogen wird.

B 78. Rechts klatschen

B zieht das linke Bein leicht zurück, verlagert das Gewicht dorthin und bleibt hinten, während er den rechten Fuß mit der Hüftdrehung unbelastet vorne aufkommen lässt. Zugleich dreht sich der linke Arm von innen an As angreifende rechte Hand, während der rechte ausgestreckte Arm mit der flachen Hand As linke Gesichtshälfte (oder Ohr) angreift.

    Wird eine Figur links und anschließend noch einmal rechts ausgeführt, so wird damit auch ausprobiert, ob der Andere eine schwächere Seite hat.

A 79. Zurückweichen und den Affen abwehren (3)

A setzt den linken Fuß nach hinten und wehrt zum dritten Mal den Affen ab. Während der Rückwärtsbewegung legt sich As linke Hand zur Kontrolle auf Bs rechten Unterarm; gleichzeitig streckt sich die flache rechte Hand in Richtung von Bs Hals.

Drei Mal wehrt A den Affen ab, wie in der Solo-Form. Es ist die einzige drei Mal hintereinander ausgeführte Figur in *Sanshou*.

B 80. Schritt zu den Sieben Sternen

B sinkt ins rechte Bein, um das linke so weit wie nötig heranzuziehen und das Gewicht darauf zu verlagern. Während B ins linke Bein sinkt, kreuzen seine Arme vor der Brust und führen As angreifenden rechten Arm neutralisierend nach oben. Zugleich hebt er das rechte Knie und setzt zu einem Tritt auf As Knie (oder die Leistengegend) an.

Da A dieselbe Figur bereits insgesamt dreimal, davon zweimal mit der rechten Hand vorne, ausgeführt hat, wäre ein weiteres „Klatschen" sinnlos. B lässt sich daher etwas anderes einfallen. Es gibt in dieser Situation also verschiedene Optionen, nicht nur eine mögliche Antwort.

A 81. Die Nadel auf dem Meeresboden

A sinkt und dreht auf dem linken Bein nach rechts. Dabei nimmt er den rechten Fuß mit und versetzt ihn um 45° zur vorherigen Bewegungsrichtung nach links, hinter seinen linken Fuß. Gleichzeitig hat As rechte Hand mit der Drehung Bs rechtes Handgelenk umgriffen, das er nun, den Körper auf dem rechten Bein senkend, mit nach unten führt. As linke Hand bewegt sich unterstützend mit nach unten.

Die Bewegungen in der *Sanshou*-Form sind so choreographiert, dass jeweils Yin und Yang zueinander passen und auseinander hervorgehen. Die Komposition des Spiels der Kräfte beinhaltet Vor-und-zurück, Aneinander-vorbei, Umeinanderkreisen und Nach-oben-und-unten. So folgt der hebenden Bewegung von B in Nr. 80 („Sieben Sterne") die sinkende Bewegung der „Nadel auf dem Meeresboden".

B 82. Den Fächer mit dem Rücken verbinden

B setzt, As Zug nach unten folgend, den rechten Fuß diagonal gestellt ab und nimmt mit dem Drehen der Hüfte (nach rechts) den linken Fuß in Ausrichtung auf A nach vorne. Gleichzeitig dreht seine rechte Hand um As rechtes Handgelenk, während Bs linke Hand As rechten Unterarm fasst und nun, sich aufrichtend, Kraft über As Arm auf dessen Wirbelsäule ausübt.

Während in der (Langen) Solo-Form der „Fächer" aus der „Nadel" hervorgeht, folgt er hier als Antwort auf sie. (In einer anderen möglichen Anwendung führt Bs rechter Arm As rechten Arm höher und öffnet so As rechte Flanke, auf die sich dann Bs linker Arm zum Angriff legt.)

A 83. Pipa spielen

A folgt der nach oben gerichteten Kraft und neutralisiert den auf seine Wirbelsäule gerichteten Druck, indem er ins Hüftgelenk sinkt, während B seinen rechten Arm noch nach oben schiebt. Dabei dreht er die Hüfte nach rechts und lässt den linken Fuß mitkommen, der dadurch in einer Dreieckstellung zum rechten ausgerichtet wird. Er verlagert das Gewicht auf den linken Fuß, wo die Hüftdrehung nach rechts bruchlos weitergeht. Gleichzeitig lässt er den rechten Fuß mitkommen, den er hinter dem linken absetzt und dann belastet. Der rechte Arm folgt, löst sich dabei aus dem Griff von B und fasst dessen rechtes Handgelenk, während der linke Arm (oder die Handfläche) sich hinter Bs rechtem Ellbogen auflegt und A nun die spaltende Kraft des „Pipaspielens" ausübt.

In einem ernsten Selbstverteidigungsfall würde sich As Hand (Ellbogen oder Unterarm) nicht hinter, sondern auf Bs rechtem Ellbogen auflegen, der durch die spaltende Kraft, die aus As Hüfte kommt, verletzt würde.

B 84. Den Bogen spannen und den Tiger schießen

B neutralisiert, indem er ins linke Bein sinkt und nach rechts dreht, den rechten Fuß mitdreht, das Gewicht dorthin verlagert, den linken Fuß auf A ausrichet und mit der Gewichtsverlagerung nach links und dort der Drehung nach rechts einen Faustangriff in Richtung von As Leber (Rippen) führt, während der rechte Arm den Kontakt zu As linkem Arm hält.

Die beschriebene Figur ist eigentlich ein „Tiger schlagen". Denkbar ist auch – je nach As Griff und Druck auf Bs rechtem Arm – eine wörtlichere Anwendung gemäß des Titels „Bogen spannen und Tiger schießen". In dem Fall verlagert B nach der Gewichtsverlagerung nach rechts nicht wieder nach links, sondern dreht auf dem rechten Bein weiter und komprimiert die Kraft, die er dann mit der Gegendrehung nach links (auf dem rechten Bein) zu einem Angriff mit beiden Fäusten freilässt; die linke Faust auf Leber- (Rippen- oder Arm-)Höhe, die rechte, innen von As linkem Arm, auf dessen Achselhöhle oder Gesicht.

A 85. Peitsche

A entzieht sich durch einen Schritt zurück aufs linke Bein, wobei sich sein linker Arm an die Innenseite von Bs rechtem Arm legt und der rechte Arm in der Rückwärtsbewegung von oben auf Bs angreifenden (linken) Arm. As rechte Hand formt sich zur Hakenfaust, die nun mit dem Schritt (des rechten Beins) nach vorne an der Innenseite von Bs linkem Arm entlangstreift, um dessen Achselhöhle (oder Herzgegend, Rippen, Solarplexus) anzugreifen.

In der Solo-Form ist die Hakenfaust in der Endstellung der „Peitsche" hinten. Der Angriff mit ihr ist aber in jener Phase der Figur verborgen, in welcher von der Ballhaltestellung mit Gewicht auf dem 90° mitgedrehten rechten Fuß wieder nach links aufgedreht wird. Mit dem Aufdrehen nach links formt sich zugleich die Hakenfaust, die in gerader Linie nach vorne „geschleudert" wird. Ebendiese Bewegungsphase kommt in Nr. 85 von *Sanshou* zur Anwendung.

B 86. Ellbogen nach unten und Fauststoß

B weicht nach (links) hinten aus und legt dabei seinen linken Arm an den Ellbogen von As angreifendem rechten Arm. Dann attackiert er As Bauch (Solarplexus, Herzgegend) mit einem sich der Distanz anpassenden Schritt mit dem rechten Fuß nach vorne.

  Bs Faust kann mit dem Handrücken nach unten oder mit dem Faustauge nach oben zeigen. Bs Linke kann sich von innen oder von außen an As rechten Arm legen.

A 87. Hände kreuzen

A verlagert das Gewicht nach (links) hinten und zieht den rechten Fuß dabei zurück, den er etwa auf Höhe des linken absetzt. In der Rückwärtsbewegung lässt A den rechten Arm in einer vom Ellbogen kreisenden Bewegung nach links unten auf den rechten Ellbogen von Bs rechtem Arm sinken, was dessen Angriff neutralisiert. Dann setzt er den linken Fuß nach vorne und stößt mit der ausgestreckten flachen Hand (die Handfläche nach oben zeigend) vor in Richtung von Bs Hals (oder höher).

Die Figur heißt hier „Hände kreuzen", ähnelt aber den Figuren „Die weiße Schlange züngelt" (Nr. 88) und „Mit der Hand stechen" (Nr. 95) der (Langen) Solo-Form.

B 88. Den Tiger umarmen und zum Berg zurückkehren

B weicht zurück und lässt seine beiden Arme sich sich nach oben ausstrecken. Dabei wird As linker (angreifender) Arm von innen nach außen verlängert. Im folgenden Schritt mit dem linken Fuß nach vorne schlingen sich Bs Arme von oben nach unten und innen um die beiden Arme von A. So entsteht eine gegenläufig spiralisierende Kraft, die auf As Wirbelsäule wirkt und ihn fesselt.

Ende?

Das Ende der Form

Nr. 88 ist die letzte gezählte Figur. Hier wäre die Form demnach zu Ende. B, der „später gestartet" ist, wäre früher angekommen und A wäre bewegungsunfähig. Aber es gibt zum Ausklang eine Schlusssequenz, die zur neutralen, V-förmigen Ausgangsstellung zurückführt.

Zunächst muss A die ihn fesselnde Kraft neutralisieren, indem er sich nach hinten (auf den rechten Fuß) schieben lässt, dort in seine Hüftgelenke sinkt und nach rechts dreht. Dadurch löst er den Griff von B. As linker Arm legt sich an die Außenseite von Bs rechtem Arm, den er zugleich mit seiner rechten Hand am Handgelenk greift und den er nun in einer Kreisbewegung, beginnend mit einem Schritt nach hinten, in einen Hebel zu nehmen versucht. B neutralisiert diesen Versuch durch seinerseits kreisende Schritte und den Versuch, mit seinem linken Arm As rechten Arm in einen Hebel zu nehmen. So kreisen die Partner umeinander und haben nach 180° wieder ihre Ausgangsposition vom Beginn der Form erreicht, in der sie sich zum Abschluss voreinander verbeugen.

- oder erneuter Durchgang mit Rollenwechsel

Nach Nr. 88 gibt es aber auch die Möglichkeit, die *Sanshou*-Form mit Rollenwechsel fortzusetzen. In dem Fall schiebt B A weg, setzt seinen linken Fuß diagonal zur erneuten Anpassung des Abstand aus und geht mit dem rechten Fuß und Fauststoß rechts nach vorne (so wie zuvor A in Nr. 1). A muss den Abstand anpassen und den linken Fuß nach hinten setzen. Gleichzeitig lässt er seinen rechten Arm nach oben schwingen, um den auf ihn zukommenden Fauststoß abzufangen und nach oben zu führen (so wie zuvor B in Nr. 2). Dadurch haben A und B die Rollen gewechselt, um die Form erneut zu laufen.

Wiederkehrende Figuren in unterschiedlichem Kontext

Einige Figuren oder Techniken tauchen in der *Sanshou*-Form mehrfach auf, aber immer in einem etwas anderen Kontext. Wenn man mit dem Ablauf vertraut ist, lohnt es, den unterschiedlichen Kontext zu studieren.

Oft scheint es unterschiedliche Optionen der Antwort auf einen Angriff zu geben; sogar mit unterschiedlichen Grundkräften, die dabei zur Anwendung kommen. Optionalität darf aber nie dem Fluss der Bewegungen und dem Prinzip der Mühelosigkeit widersprechen. Sie muss in der Situation vorhanden sein.

Unterschiedliche Positionierungen im Raum stellen eine andere Situation dar. Wird der Rücken angegriffen, ist die Antwort anders, als wenn die Seite mit derselben Technik angegriffen würde. Umgekehrt ist die Entwicklung in dieselbe Figur je nach Ausgangsposition verschieden. (So wird beispielsweise in der Solo-Form einmal aus dem *Kranich* und dann aus *Pipa spielen* in *Kniestreifen* übergegangen.) Das Studium von Optionen, die oft nur scheinbare sind, vertieft das Verständnis der Form; z.B. bei:

Fauststoß: in Nr. 1, 3, 16, 24, 34, 86;
Den Tiger schlagen: in Nr. 6, 11, 19, 43, 73;
Schulterstoß: in Nr. 5, 10, 21, 29, 45, 47, 48, 53, 59, 60;
Spaltender Faustschlag: in Nr. 9, 12, 15, 27, 66, 74;
Ellbogenstoß: in Nr. 7, 40, 49;
Hände heben: in Nr. 2, 13.

Die Namen der Stellungen (deutsch, chinesisch, englisch)

	Partner A		Partner B
1	Schritt nach vorne und Fauststoß 上步捶 shǎng bù chuí Step forward & punch	2	Hände heben 提手上勢 tí shǒu shǎng shì Raise the hand
3	Schritt nach vorne, sperren und Fauststoß 上步攔捶 shǎng bù lán chuí Stepping forward, block & punch	4	Ablenken und Fauststoß 搬捶 bān chuí Parry & punch
5	Schritt nach vorne und Schulterstoß links 上步左靠 shǎng bù zuǒ kào Step forward with left bump	6	Rechts den Tiger schlagen 右打虎 yòu dá hǔ Right fighting tiger posture
7	Ellbogenstoß links 打左肘 dá zuǒ zhǒu Strike with left elbow	8	Rechts schieben 右推 yòu tuī Right push
9	Spaltender Faustschlag links 左劈身捶 zuǒ pī shēn chuí Left backfist	10	Schulterstoß rechts 右靠 yòu kào Right bump
11	Zurückweichen und links den Tiger schlagen 撤步左打虎 chè bù zuǒ dá hǔ Withdraw a step, left fighing tiger posture	12	Spaltender Faustschlag rechts 右劈身捶 yòu pī shēn chuí Right backfist
13	Hände heben 提手上勢 tí shǒu shǎng shì Raise the hand	14	Körper drehen und stoßen 轉身按 zhuǎn shēn àn Turn & push
15	Falten und spaltender Faustschlag 摺疊劈身捶 zhé dié pī shēn chuí Fold up, backfist	16	Ablenken und Fauststoß (Ausgangsstellung) 搬捶(開勢) bān chuí (kāi shì) Parry & punch (taking the momentum aside)
17	Diagonal Zerreißen 橫挒手 héng liè shǒu Horizontal rending technique	18	Links (Schrittwechsel) die Mähne des Wildpferds teilen 左(換步)野馬分鬃 zuǒ (huàn bù) yě mǎ fen zong Wild horse veers its mane – left posture (switching the feet)
19	Rechts den Tiger schlagen (tiefe Position) 右打虎(下勢) yòu dá hǔ (xià shì) Right fighting tiger posture (using lower hand)	20	Körper drehen, zurückweichen und zurückrollen 轉身撤步捋 zhuǎn shēn chè bù lǚ Turn, withdrawing a step, rollback
21	Schritt nach vorne und Schulterstoß links 上步左靠 shǎng bù zuǒ kào Step forward with left bump	22	Körper drehen und stoßen 轉身按 zhuǎn shēn àn Turn & push
23	Beide Seiten trennen und Fersentritt (Schritt zurück und Den Tiger reiten) 雙分蹬腳(退步跨虎) shuāng fēn dēng	24	Fauststoß in die Schrittgegend 指襠捶 zhǐ dāng chuí Punch to the crotch

	jiǎo (tuì bù kuà hǔ) Separate both hands, pressing kick (retreat to sitting tiger posture)		
25	Schritt nach vorne, ziehen und zerreißen 上步採挒 shǎng bù cǎi liè Step forward, pluck & rend	26	Kreisender Schritt und Weberschiffchen rechts 換步右穿梭 huàn bù yòu chuān suō Switch the feet, maiden works the shuttle – right posture
27	Abwehren nach links und spaltender Faustschlag nach rechts 左掤右劈捶 zuǒ péng yòu pī chuí Left ward off, right backfist	28	Der weiße Kranich breitet seine Flügel aus (Fersentritt) 白鶴涼翅(蹬腳) bái hè chì (dēng jiǎo) White crane cools its wings (pressing kick)
29	Schulterstoß links 左靠 zuǒ kào Left bump	30	Zurückweichen und Arm brechen 撤步撅臂 chè bù juē bì Withdraw a step, break the arm
31	Körper drehen und stoßen (Figur lü) 轉身按(捋勢) zhuǎn shēn àn (lǚ shì) Turn & push (Setting up the push with rollback energy)	32	Den Wind zu beiden Seiten in die Ohren dringen lassen 雙風灌耳 shuāng fēng guàn ěr Double winds fill the ears
33	Beidseitig stoßen 雙按 shuāng àn Double-hand push	34	Ablenken und tiefer Fauststoß 下勢搬捶 xià shì bān chuí Low-postured parry & punch
35	Einfaches Schieben (rechter Arm) 單推(右臂) shàn tuī (yòu bì) Single-hand push (to the right arm)	36	Rechts den Arm überrollen 右搓臂 yòu cuō bì Right twist the arm
37	Folgen und Stoßen 順勢按 shùn shì àn Seizing the moment, push	38	Neutralisieren und mit der rechten Handfläche schlagen 化打右掌 huā dá yòu zhǎng Neutralize, strike with right palm
39	Neutralisieren und schieben 化推 huā tuī Neutralize & push	40	Neutralisieren und Ellbogenstoß rechts 化打右肘 huā dá yòu zhǒu Neutralize, strike with right elbow
41	Ziehen und zerreißen 採挒 cǎi liè Pluck & rend	42	Kreisender Schritt und brechen 換步撅 huàn bù juē Switch the feet, break the arm
43	Rechts den Tiger schlagen 右打虎 yòu dá hǔ Right fighting tiger posture	44	Körper drehen, zurückweichen und zurückrollen 轉身撤步捋 zhuǎn shēn chè bù lǚ Turn, withdrawing a step, rollback
45	Schritt nach vorne und Schulterstoß links 上步左靠 shǎng bù zuǒ kào Step forward with left bump	46	Zurückgehen und drücken 回擠 huí jǐ Return with press
47	Beide Seiten trennen und Schulterstoß (Schrittwechsel) 雙分靠(換步) shuāng fēn kào (huàn bù)	48	Körper drehen und Schulterstoß links (Schrittwechsel) 轉身左靠(換步) zhuǎn shēn zuǒ kào

	Spread with both hands, bump (switching the feet)		*(huàn bù)* Turn, left bump (switching the feet)
49	Ellbogenstoß rechts 打右肘 *dá yòu zhǒu* Strike with right elbow	50	Körper drehen und Goldener Hahn steht auf einem Bein 轉身金雞獨立 *zhuǎn shēn jīn jī dú lì* Turn, golden rooster stands on one leg
51	Schritt zurück und neutralisieren 退步化 *tuì bù huā* Retreat & neutralize	52	Fersentritt 蹬腳 *dēng jiǎo* Pressing kick
53	Körper drehen, Schritt nach vorne und Schulterstoß 轉身上步靠 *zhuǎn shēn shǎng bù kào* Turn, step forward with a bump	54	Den linken Arm brechen 撅左臂 *juē zuǒ bì* Break the left arm
55	Körper drehen (Schrittwechsel), Trennen und Treten rechts 轉身(換步)右分腳 *zhuǎn shēn (huàn bù) yòu fēn jiǎo* Turn (switching the feet), kick to the right side	56	Beide Seiten trennen und Knie streifen rechts 雙分右摟膝 *shuāng fēn yòu lōu xī* Spreading with both hands, right brush knee
57	Körper drehen (Schrittwechsel), Trennen und Treten links 轉身(換步)左分腳 *zhuǎn shēn (huàn bù) zuǒ fēn jiǎo* Turn (switching the feet), kick to the left side	58	Beide Seiten trennen und Knie streifen links 雙分左摟膝 *shuāng fēn zuǒ lōu xī* Spreading with both hands, left brush knee
59	Kreisende Hand und Schulterstoß rechts 換手右靠 *huàn shǒu yòu kào* Switch hands, right bump	60	Zurückgehen und Schulterstoß rechts 回右靠 *huí yòu kào* Return with right bump
61	Schritt nach vorne und den Vogel beim Schwanz fassen links 上步左攬雀尾 *shǎng bù zuǒ lǎn què wěi* Step forward, catch the sparrow by the tail – left posture	62	Wolkenhände rechts 右雲手 *yòu yún shǒu* Right clouding hands
63	Schritt nach vorne und den Vogel beim Schwanz fassen rechts 上步右攬雀尾 *shǎng bù yòu lǎn què wěi* Step forward, catch the sparrow by the tail – right posture	64	Wolkenhände links 左雲手 *zuǒ yún shǒu* Left clouding hands
65	Nach rechts öffnen (Abwehren) 右開（掤勢）*yòu kāi (péng shì)* Right spreading (ward-off)	66	Körper zur Seite wenden und spaltender Faustschlag 側身撇身捶 *cè shēn piē shēn chuí* Sideways body, torso-flung punch
67	Schritt nach vorne und weiter Blick vom Pferd (niedriger Fersentritt) 上步高探馬（下蹬腳）*shǎng bù gāo tàn mǎ (xià dēng jiǎo)* Step forward, rising up and reaching out	68	Der weiße Kranich breitet seine Flügel aus (unten kreisender Tritt und oben klatschen) 白鶴涼翅（下套腿上閃）*bái hè chì (xià tào tuǐ shǎng shǎn)*

	to the horse (low pressing kick)		White crane cools its wings (then sheathing kick below with slapping palm above)
69	Körper drehen und den Lotus streifen 轉身擺蓮 *zhuǎn shēn bǎi lián* Turn around, swinging lotus kick	70	Diagonal fliegen links 左斜飛勢 *zuǒ xié fēi shì* Left diagonal flying posture
71	Die listige Schlange kriecht zu Boden 刁手蛇身下勢 *diāo shǒu shé shēn xià shì* Sneaky hand, snaking body low posture	72	Diagonal fliegen rechts 右斜飛勢 *yòu xié fēi shì* Right diagonal flying posture
73	Links den Tiger schlagen 左打虎 *zuǒ dá hǔ* Left fighting tiger posture	74	Körper drehen und spaltender Faustschlag 轉身撇身捶 *zhuǎn shēn piē shēn chuí* Turn, torso-flung punch
75	Zurückweichen und den Affen abwehren 倒攆猴（一）*dǎo niǎn hóu* (1) Retreat, driving away the monkey	76	Links klatschen (Schritt nach vorne) 左閃(上步) *zuǒ shǎn (shǎng bù)* Left slap (stepping forward)
77	Zurückweichen und den Affen abwehren 倒攆猴（二）*dǎo niǎn hóu* (2) Retreat, driving away the monkey	78	Rechts klatschen 右閃 *yòu shǎn* Right slap
79	Zurückweichen und den Affen abwehren (ins Gesicht klatschen) 倒攆猴（三）(撲面) *dǎo niǎn hóu* (3) (*pū miàn*) Retreat, driving away the monkey (third, palm strike to the face)	80	Schritt nach vorne zu den Sieben Sternen 上步七星 *shǎng bù qī xīng* Step forward with the big dipper
81	Die Nadel auf dem Meeresboden 海底針 *hǎi dǐ zhēn* Needle under the sea	82	Den Fächer mit dem Rücken verbinden 扇通背 *shān tōng bēi* Fan through the back
83	Pipa spielen 手揮琵琶 *shǒu huī pí pa* Play the lute	84	Den Bogen spannen und den Tiger schießen 彎弓射虎 *wān gōng shè hǔ* Bend the bow, shoot the tiger
85	Körper drehen und Peitsche 轉身單鞭 *zhuǎn shēn dàn biān* Turn, single whip	86	Ellbogen nach unten und Fauststoß 肘底捶 *zhǒu di chuí* Punch under the elbow
87	Hände kreuzen 十字手 *shí zì shǒu* Crossed hands	88	Den Tiger umarmen und zum Berg zurückkehren 抱虎歸山 *bào hǔ guī shān* Capture the tiger and send it back to its mountain

Milton Keynes UK
Ingram Content Group UK Ltd.
UKHW021938281024
450365UK00018B/1163